AF248328

SITUATION

DES

ÉTRANGERS EN FRANCE

AU

POINT DE VUE DU RECRUTEMENT

PETIT

MANUEL THÉORIQUE ET PRATIQUE D'EXTRANÉITÉ

A L'USAGE DES MAIRIES

PAR

A. L'ESPRIT

COMMIS-RÉDACTEUR A LA MAIRIE DU 2ᵉ ARRONDISSEMENT DE PARIS

PARIS

BERGER-LEVRAULT ET Cⁱᵉ, LIBRAIRES-ÉDITEURS

RUE DES BEAUX-ARTS, 5

MÊME MAISON A NANCY

1888

SITUATION
DES ÉTRANGERS EN FRANCE

AU

POINT DE VUE DU RECRUTEMENT

NANCY. — IMPRIMERIE BERGER-LEVRAULT ET Cie.

SITUATION

DES

ÉTRANGERS EN FRANCE

AU

POINT DE VUE DU RECRUTEMENT

PETIT

MANUEL THÉORIQUE ET PRATIQUE D'EXTRANÉITÉ

A L'USAGE DES MAIRIES

PAR

A. L'ESPRIT

COMMIS-RÉDACTEUR A LA MAIRIE DU 2ᵉ ARRONDISSEMENT DE PARIS

PARIS

BERGER-LEVRAULT ET Cⁱᵉ, LIBRAIRES-ÉDITEURS

RUE DES BEAUX-ARTS, 5

MÊME MAISON A NANCY

1888

PRÉFACE

Chargé depuis plusieurs années du service militaire dans une mairie de Paris, j'avais rédigé ce petit traité d'extranéité dans le but d'avoir facilement sous la main les documents concernant les étrangers, leur inscription sur les listes de tirage au sort étant en effet le point délicat de ce service. Un de mes chefs a bien voulu m'affirmer que ce travail serait utile à d'autres qu'à moi, c'est ce qui m'a engagé à le publier. Je serais trop heureux si mes collègues y pouvaient trouver quelque utilité et surtout s'ils voulaient m'en signaler les points défectueux.

Décembre 1887.

A. L.

CONDITION
DES ÉTRANGERS EN FRANCE

CHAPITRE PREMIER

LA NATURALISATION.

Définition du mot « Étranger ». — On appelle Étranger tout individu que la loi française ne reconnaît pas pour citoyen français, c'est-à-dire que, pour qu'un étranger devienne Français, il faut qu'il se trouve dans certaines conditions strictement énumérées par notre législation.

Deux systèmes pour l'acquisition de la nationalité. — La façon d'acquérir la nationalité a varié suivant les époques et les pays ; nous n'avons pas l'intention d'en faire un historique complet et nous nous contenterons de faire seulement remarquer qu'en cette question on se trouve en face de deux systèmes, suivant qu'on considère le lieu de naissance (*Jure soli*) ou la filiation (*Jure sanguinis*). Chose curieuse, l'article 9 de notre Code civil, base de tout notre droit en ce qui concerne les fils d'étrangers, est un produit bâtard de ces deux systèmes que les lois subséquentes ont confondus de plus en plus.

Deux sortes d'étrangers. — Il y a deux sortes d'étrangers. Les uns sont nés hors de France de parents étrangers, les autres sont nés sur notre sol d'un sang étranger. De là deux catégories bien distinctes ; aux premiers il n'y a, en général, qu'un seul moyen d'acquérir la nationalité française : c'est la *naturalisation ;* les autres, et nous nous occuperons surtout d'eux dans cette étude, peuvent acquérir la qualité de citoyen français dans certains cas énumérés dans un assez grand nombre de lois.

Historique de la naturalisation en France. — Les étrangers de la première catégorie sont ceux sur lesquels l'attention des gouvernants est plus spécialement attirée, en raison des agissements auxquels ils ne se livrent que trop souvent ; comme ils peuvent devenir un danger, le Gouvernement peut à son gré, par simple mesure de police intérieure, leur interdire le séjour en France ; cette jurisprudence, admise d'ailleurs par toute l'Europe, montre que la naturalisation d'un étranger doit être entourée de précautions.

Sous l'ancienne législation, le roi seul étant la représentation du Gouvernement, pouvait accorder à un étranger des *lettres de naturalisation*. C'est en 1790

qu'on trouve la première loi sur cette matière. La loi
du 2 mai 1790 ne demandait pas le consentement de
l'étranger, elle lui *imposait* la nationalité française s'il
avait cinq ans de domicile continu en France. La Constitution du 14 septembre 1791 maintient à peu près ce
principe; on y lit : « Ceux qui, nés hors du royaume,
« de parents étrangers, résident en France, deviennent
« citoyens français, après cinq ans de domicile continu
« dans le royaume, s'ils y ont, en outre, acquis des
« immeubles ou épousé une Française, ou formé un éta-
« blissement d'agriculture ou de commerce, et s'ils ont
« prêté le serment civique. » Cependant cette constitution conservait les lettres de naturalisation, mais les
plaçait dans les attributions du Corps législatif.

Un décret impérial du 17 mars 1809 rendit au souverain le droit de naturaliser l'étranger qui remplissait
certaines conditions, savoir : être majeur, avoir déclaré
vouloir se fixer en France, enfin y avoir demeuré dix
ans de suite. A la chute de l'Empire, la Restauration
dut songer au sort des nombreux pays qui, réunis à la
France, sous la République et l'Empire, étaient redeve-
nus étrangers. La loi du 14 octobre 1814 établit des dispositions spéciales à l'égard des originaires de ces pays ;
toutefois le Gouvernement se réservait le droit d'appré-
cier le cas où il accorderait la naturalisation.

Autrefois la naturalisation ne conférait pas à l'étranger la plénitude des droits civils du Français; ainsi, par
exemple, il ne pouvait siéger dans les Chambres qu'à la
condition d'avoir obtenu la grande naturalisation que
le souverain accordait par lettres soumises à l'examen

des deux Chambres (ordonnance du 4 juin 1814). Plus
tard, il fallut même une loi pour conférer l'éligibilité.
(Art. 1er de la loi du 3 décembre 1849.)

Aujourd'hui, la naturalisation, accordée par le chef
du pouvoir exécutif, confère la plénitude des droits de
citoyen français et par suite l'électorat et l'éligibilité.

Législation actuelle de la naturalisation. —
Actuellement, la naturalisation est réglée par les lois
du 3 décembre 1849 et du 29 juin 1867 [1] qui ont main-
tenu la condition d'un domicile préalable. La première
chose que doit faire un étranger qui veut acquérir notre
nationalité est de demander son *admission à domicile;*
c'est au garde des sceaux qu'il doit s'adresser. Une
seule condition est requise, c'est d'être majeur; cette
admission accordée (elle fait l'objet d'un décret) n'est
qu'une mesure préparatoire pour arriver à la naturalisation; l'étranger doit dès lors habiter la France.
Sous l'empire des lois antérieures à 1867, et notamment
de la loi de 1849, la durée du séjour avait été fixée
à 10 ans; mais la loi du 29 juin 1867 diminua singu-
lièrement ce temps d'épreuve en le réduisant à trois
ans. Ce laps de temps écoulé, l'étranger demandera sa
naturalisation en envoyant à l'appui de sa pétition une
copie de son décret d'admission à domicile. Il va sans
dire que ce n'est pas parce que ces formalités auront
été remplies que l'étranger sera naturalisé, car, de
même que le Gouvernement a le droit de révoquer

---

1. Appendice. — A.

l'admission à domicile (loi du 3 décembre 1849, art. 3 et 7), de même il a celui de refuser la requête de l'étranger. La naturalisation n'est accordée qu'après enquête ; le Conseil d'État est entendu. Mais, ce décret une fois rendu, la naturalisation est irrévocable.

De la naturalisation exceptionnelle. — Toute nation a intérêt à attirer chez elle les étrangers illustres dans les arts, les lettres, les sciences ou l'industrie, et à récompenser ceux qui lui ont rendu un insigne service ; aussi a-t-on songé à leur faciliter la naturalisation. Déjà les sénatus-consultes des 26 vendémiaire an XI et 19 février 1808 donnaient au Gouvernement la faculté de diminuer le temps d'épreuve en faveur des étrangers qui s'étaient rendus dignes d'une naturalisation exceptionnelle ; les lois de 1849 et de 1867 conservèrent cette tradition, et réduisirent à une année le séjour en France pour les étrangers qui ont rendu à la France des services importants ou qui ont apporté dans notre pays soit une industrie, soit des inventions utiles, soit des talents distingués, ou qui ont fondé de grands établissements. Cette naturalisation est appelée *exceptionnelle* ou *rémunératoire* par opposition à la première qui s'appelle naturalisation *simple* ou *ordinaire*. De plus, ceux qui en sont l'objet sont exemptés de tous frais de sceau.

Comme cas particulier, nous pouvons signaler les lois suivantes : un décret du gouvernement de la Défense nationale du 16 septembre 1870 a fait exception, à titre provisoire, aux règles de naturalisation que nous avons posées plus haut en déclarant que le ministre de la justice statuerait, sans prendre avis du Conseil d'État, sur les demandes de naturalisation formées par les étrangers. Un autre décret, du 31 octobre 1870, a supprimé, provisoirement aussi, le délai d'un an de domicile en France en faveur des étrangers qui, ayant servi contre l'Allemagne, auraient été jugés dignes d'obtenir la naturalisation exceptionnelle. Le texte de ces deux décrets se trouve à l'Appendice [1].

Situation des étrangers en France. — Il nous semble utile d'ouvrir ici une parenthèse pour indiquer sommairement quelle est la situation juridique des étrangers dans notre pays.

Les étrangers, autorisés ou non à résider en France, jouissent de tous les droits qu'on pourrait appeler naturels, droits d'association, liberté de conscience, etc. ; ils n'ont aucun droit politique. Quant aux droits civils, une distinction est nécessaire.

Les étrangers qui n'ont pas été autorisés à résider en France jouissent de tous les droits que la loi ne leur a pas expressément enlevés ; ainsi ils peuvent se marier, acquérir, transmettre par donation ou testament, etc. Les prérogatives dont le législateur les a privés sont les suivantes : 1° ils ne peuvent exiger, comme les Français, d'être poursuivis devant les magistrats de leur domicile à l'étranger. Qu'ils résident en France ou à l'étranger, que l'obligation ait été contractée sur le territoire fran-

____

1. Appendice. — B.

çais ou ailleurs, le Français, au contraire, peut les traduire devant nos tribunaux. 2° Ils n'ont pas droit au bénéfice de la cession des biens (*cessio bonorum*). 3° Ils ne peuvent agir en justice, sauf en matière commerciale, comme demandeurs, que sous la condition de fournir la caution *Judicatum solvi*. Cette caution représente les frais et les dommages-intérêts pouvant résulter du procès au profit du défendeur. Ils n'en sont dispensés que s'ils possèdent en France des immeubles d'une valeur suffisante pour assurer ce paiement. Ils peuvent traduire, en se soumettant à la caution ci-dessus, un Français à raison des obligations par lui contractées à l'étranger. 4° Leur *état* et leur *capacité* sont régis par la loi de leur pays. Ainsi, si l'on n'est majeur dans leur pays qu'à 25 ans, ils ne seront majeurs en France qu'à cet âge.

L'étranger qui a obtenu un décret d'admission à domicile jouit des droits civils des Français, au même titre que ces derniers, sous les trois réserves suivantes : 1° il doit résider en France, s'il veut conserver ses droits [1] ; 2° son *état* et sa *capacité* sont encore régis par les lois de son pays ; 3° ses enfants naissent étrangers.

Pourquoi les naturalisés ne sont pas soldats. — Quelle est la situation des naturalisés? Les étrangers naturalisés jouissent, sans exception, de tous les droits de citoyens français : de plus, ils sont dispensés du

---

1. Art. 13 du Code civil. L'étranger qui aura été admis par l'autorisation du roi à établir son domicile en France, y jouira de tous les droits civils tant qu'il continuera d'y résider.

service militaire. Ce privilège accordé aux étrangers a quelque chose qui choque notre patriotisme, cependant il y a plusieurs raisons qui le font concevoir. La première c'est que les lois militaires successives les en ont toujours dispensés; l'article 2 de la loi militaire du 21 mars 1832, l'article 9 de la loi actuelle du 27 juillet 1872 sont formels; dans une circulaire de 1876, le ministre de la guerre a rappelé que les étrangers ne sont astreints au service militaire qu'autant qu'ils ont acquis la nationalité française en vertu de l'article 9 du Code civil et des lois de 1851 et 1874. La loi sur le recrutement est en effet de droit strict, ses dispositions doivent être appliquées littéralement et il est impossible de les étendre par voie d'interprétation [1]. D'ailleurs un sentiment d'humanité s'oppose à permettre qu'un jour ou l'autre un soldat soit appelé par la France à se battre contre quelqu'un des siens, père ou frère. Enfin n'est-il pas prudent d'interdire l'entrée de nos armées à des gens qui étaient, il y a quatre ans, Allemands, Anglais ou Italiens, qui ne connaissent pas toujours même notre langue et qui auraient certainement des intelligences dans le camp ennemi?

Telles sont les raisons qui s'opposent au service militaire des naturalisés.

Pour en finir avec ce sujet, nous donnons en appendice la note du ministère de la justice relative aux na-

---

1. Il s'ensuit que les Français qui ont recouvré, au moyen d'un décret de réintégration, la qualité de Français qu'ils avaient perdue ne doivent pas servir; on ne les inscrit que s'ils en font la demande formelle.

turalisations, et la liste des référendaires au sceau de France [1].

Législation spéciale à l'Algérie. — Ce que nous venons de dire plus haut sur la naturalisation ne s'applique pas aux indigènes musulmans ou israélites de l'Algérie ; le sénatus-consulte du 14 juillet 1865 leur permet, ainsi qu'aux étrangers qui ont 3 ans de séjour dans notre colonie, de jouir des droits civils des Français, sur simple décret rendu en Conseil d'État et sans frais de sceau à payer [2]. Ce sénatus-consulte est d'application fréquente pour la naturalisation des étrangers qui ont pris du service dans la légion étrangère, laquelle a ses casernements en Algérie.

1. Appendice. — C.
2. Voir à l'appendice. — D.

CHAPITRE II.

LES FILS D'ÉTRANGERS.

Dans le chapitre précédent nous avons vu l'étranger s'établir en France et y faire souche : nous allons le suivre dans sa descendance et nous arrivons ainsi à la deuxième sorte d'étrangers dont nous avons parlé ; ici nous devons distinguer entre les fils et petits-fils d'étrangers : la situation de chacun d'eux fera l'objet d'un chapitre spécial. Commençons par les fils d'étrangers.

Article 9 du Code civil. — La loi fondamentale qui a réglé leur sort est l'article 9 du Code civil [1] dont voici le texte :

Tout individu né en France d'un étranger pourra, dans l'année qui suivra l'époque de sa majorité, réclamer la qualité de *Français ;* pourvu que, dans le cas où il résiderait en France, il déclare que son intention est d'y fixer son domicile, et que, dans le cas où il résiderait en pays étranger, il fasse sa soumission de fixer en France son domicile, et qu'il l'y établisse dans l'année, à compter de l'acte de soumission.

Une question qui a été vivement agitée a été celle

---

[1]. Le Code civil a été décrété le 5 mars 1803 et promulgué le 15 du même mois.

de savoir de quelle majorité parlait l'article 9 du Code civil ; était-ce celle fixée par la loi française ou celle fixée par le statut personnel de l'étranger ? On admet que c'est de la majorité française qu'a parlé le Code, car il y aurait presque autant d'âges de majorité que de nationalités.

Ainsi, quand un fils d'étranger a accompli sa vingt et unième année, que d'ailleurs il est né en territoire français, il lui suffit de se présenter devant l'autorité municipale et d'y déclarer qu'il entend se fixer en France pour qu'il soit Français *ipso facto*. Il est bon que le magistrat qui reçoit cette déclaration s'entoure de quelques précautions s'il ne connaît pertinemment le déclarant ; il se fera présenter l'acte de naissance du jeune homme, une pièce probante établissant l'extranéité du père (passeport, acte de mariage étranger, certificat consulaire, etc., etc.) et rédigera sur le registre spécial des déclarations l'acte en présence de deux témoins qui certifieront l'identité du comparant.

Modèle d'une déclaration en vertu de l'article 9. — Nous proposons pour cette déclaration la formule suivante :

L'an   , le   du mois de   , par-devant nous   , maire de la commune de   , canton de   , département de   , a comparu (*Nom et prénoms, profession, demeure*), né en France à   , canton de   , département de   , le (*jour, mois, an*), fils (*légitime ou naturel reconnu*) de (*nom et prénoms*), né étranger à (*ville, pays*), non naturalisé, et de (*nom et prénoms de la mère*). Lequel, âgé de vingt et un ans accomplis, nous a déclaré qu'il a l'intention de fixer son domicile en France et a réclamé la qualité de Français, en vertu de l'article 9 du Code civil. — Dont acte. — Dressé par nous, maire, en présence de MM. (*noms*, *prénoms*, *âges*, *qualités*, *domiciles des deux témoins*) qui nous ont affirmé l'identité du déclarant et ont signé avec lui et nous après lecture.

Une copie conforme de cette déclaration doit être adressée au préfet du département pour être transmise au ministère de la justice.

Inscription des fils d'étrangers sur les listes de recensement des classes. — Cette déclaration faite, le fils d'étranger devient Français, jouit de ses droits de citoyen et est soumis aux obligations du service militaire (art. 9, L. du 27 juillet 1872). Il suit, de ce qui précède, que le fils d'étranger gagne une année de service sur les Français, ceux-ci étant inscrits sur les listes de recensement de la classe dans leur 20ᵉ année. C'est pour cela que nous avons attiré l'attention des officiers municipaux sur la nécessité de ne recevoir cette déclaration qu'à bon escient.

Loi du 22 mars 1849. — Il résulte naturellement de l'article 9 du Code civil que le fils d'étranger qui n'a pas fait la déclaration ci-dessus reste étranger. Toutefois, il y a un cas où il peut faire cette déclaration même après sa 21ᵉ année, c'est lorsqu'il a servi dans les rangs de l'armée française[1]. C'est la loi du 22 mars

---

1. N'est pas considéré comme service dans l'armée française l'engagement contracté par un étranger dans la légion étrangère ; le fait même de s'être engagé dans ce corps prouvant que le légionnaire entend être traité comme étranger. Voir ce que nous avons dit plus haut (p. 9 : *Législation spéciale à l'Algérie*).

1849 qui a relevé de cette déchéance les étrangers de cette catégorie en leur permettant de réclamer le bénéfice de l'article 9 à toute époque de leur vie.

« Sans y être obligés, et sans exciper de leur extra-
« néité, ils ont satisfait à la loi du recrutement, défendu
« le drapeau national, peut-être versé leur sang en com-
« battant les ennemis de la France. Quelle garantie
« plus forte de leurs sentiments patriotiques pourra-
« t-on leur demander ? » (Extrait des motifs du rapporteur du projet de loi à l'Assemblée nationale.)

Cette loi est ainsi conçue :

Article unique. — L'individu né en France d'un étranger sera admis, même après l'année qui suivra l'époque de sa majorité, à faire la déclaration prescrite par l'article 9 du Code civil, s'il se trouve dans l'une des deux conditions suivantes : 1° s'il sert ou s'il a servi dans les armées françaises de terre ou de mer ; 2° s'il a satisfait à la loi du recrutement sans exciper de son extranéité.

La réception de cette déclaration doit être encore l'objet de l'attention de l'officier de l'état civil ; il doit bien s'assurer que le déclarant est né en France, que son père est étranger, et qu'il sert ou a servi, ou qu'il a satisfait à la loi du recrutement ; toutes les pièces fournies doivent se rapporter au même individu.

Remarquons en passant que la loi militaire en vigueur interdit (art. 7 et 46) de recevoir les étrangers dans les rangs de l'armée[1]. Cette mesure est trop rationnelle pour que nous la commentions ; il est donc du devoir

____

1. Sauf exceptions prévues par les lois de 1882, 1883, 1874 (p. 17, 20, 27).

des municipalités de s'assurer, dans la limite du possible, qu'un jeune homme qui se présente pour le tirage au sort ou l'engagement est Français. Les noms à consonnance étrangère doivent surtout éveiller l'attention.

Modèle de déclaration de l'article 9 dans le cas de la loi de 1849. — Voici un modèle de déclaration pour l'application de la loi du 22 mars 1849 :

L'an   , le   du mois de   , par-devant nous   , maire de la commune de   , canton de   , département de   , a comparu (*nom et prénoms, profession, domicile*), né en France à   , canton de   , département de   , le (*jour, mois, an*), fils (*légitime ou reconnu*) de (*nom et prénoms*), né étranger à (*ville, pays*), non naturalisé et de (*nom et prénoms de la mère*). — Lequel nous a fourni (*énumérer la ou les pièces*) établissant qu'il (*avait servi dans les armées de terre ou de mer, ou bien avait satisfait à la loi du recrutement sans exciper de son extranéité*) ; qu'en conséquence il entendait profiter du bénéfice à lui accordé par la loi du 22 mars 1849, déclarait qu'il avait l'intention de fixer son domicile en France et réclamait la qualité de Français. Dont acte. — Dressé par nous, maire, en présence de MM. (*noms, prénoms, âges, qualités, domiciles des deux témoins*), qui nous ont affirmé l'identité du déclarant et ont signé avec lui et nous après lecture.

Ouvrons ici une parenthèse ; on a coutume d'inscrire sur les listes électorales et d'office les jeunes gens qui ont participé au tirage au sort ; ce que nous venons de dire fait voir que le fait d'avoir tiré au sort ne prouve pas toujours la nationalité française ni la capacité électorale, un étranger pouvant se faire inscrire sans exciper de son extranéité.

Fils de Français ayant perdu la qualité de Français (art. 10, Code civil). — Il est encore un autre cas où un fils d'étranger peut faire la déclaration de l'article 9 à tout âge, c'est celui prévu par l'article 10 du Code civil qu'il suffit de transcrire :

Tout enfant né d'un Français en pays étranger est Français.

Tout enfant né, en pays étranger, d'un Français qui aurait perdu la qualité de Français, pourra toujours recouvrer cette qualité, en remplissant les formalités prescrites par l'article 9.

Cet article prescrit que cette mesure n'est applicable à l'enfant de l'ex-Français que s'il est né à l'étranger ; le mot « toujours » se passe de commentaires et explique bien l'intention du législateur de lui permettre de redevenir Français quand bon lui semblera.

Les francisés de cette sorte doivent le service militaire.

Fils de naturalisés (Loi du 7 février 1851). — La loi de 1849 n'avait visé que les fils d'étrangers non naturalisés et était muette sur le sort des enfants nés d'étrangers naturalisés. La loi du 7 février 1851 (dont nous reparlerons plus bas à propos des petits-fils d'étrangers) est venue combler cette lacune par son article 2.

Elle donne une nouvelle extension à l'article 9 du Code civil en rendant cet article applicable aux enfants de l'étranger naturalisé. Elle fait même la distinction entre les enfants mineurs et les enfants majeurs, et trace leur règle de conduite. Voici cet article 2 :

L'article 9 du Code civil est applicable aux enfants de l'étranger naturalisé, quoique nés en pays étranger, s'ils étaient mineurs lors de la naturalisation. — A l'égard des enfants nés en France ou à l'étranger, qui étaient majeurs à cette même époque, l'article 9 du Code civil leur est applicable dans l'année qui suivra celle de ladite naturalisation.

Remarquons au sujet des mineurs que la loi dit expressément « quoique nés à l'étranger » et, en effet, s'ils étaient nés en France, l'article 9 du Code civil leur serait de plein droit applicable à 21 ans ; quant aux enfants majeurs, ils ont une année pour se décider, celle qui suit la naturalisation de leur père. Dans les deux cas, la loi a fixé des dates bien précises qu'il importe de citer dans la déclaration à recevoir, dont voici deux libellés :

Modèles de déclarations de l'article 9 dans les cas de la loi de 1851.

1° Pour un enfant mineur au moment de la naturalisation.

L'an   , le   du mois de   , par-devant nous   , maire de la commune de   , canton de   , département de   , a comparu (*nom et prénoms, profession, domicile*), né à (*ville, pays étranger*), le (*jour, mois, an*), fils de (*nom et prénoms du père*), né étranger à (*ville, pays*), mais naturalisé par décret en date du (*jour, mois, an*) à nous présenté, et de (*nom et prénoms de la mère*). Lequel, âgé de vingt et un ans accomplis, nous a déclaré qu'il avait l'intention de fixer son domicile en France et qu'il faisait cette déclaration en vertu de la loi du 7 février 1851, en vue d'acquérir la qualité de Français, par application de l'article 9 du Code civil. Dont acte. — Dressé par nous, maire, en présence de MM. (*noms, prénoms, âges, qualités, domiciles des deux témoins*), qui nous ont affirmé l'identité du déclarant et ont signé avec lui et nous après lecture.

2° Pour un enfant majeur au moment de la naturalisation.

L'an   , le   du mois de   , par-
devant nous, maire de la commune de   , canton de
                 , département de   , a comparu (*nom et
prénoms, profession, domicile*), né à   , canton de
                 , département de   (ou à, *ville et pays
étranger*), le (*an, mois, jour*), fils de (*noms, prénoms du père*),
né étranger à (*ville, pays*) mais naturalisé par décret en date
du (*jour, mois, an*) à nous présenté, et de (*nom et prénoms de
la mère*). Lequel nous a exposé qu'il était majeur lors de la
naturalisation de son père, qu'il y a moins d'un an que cette
naturalisation a été prononcée ; qu'en conséquence, il entendait
bénéficier de l'article 9 du Code civil, déclarait fixer son domicile en France, et qu'il faisait cette déclaration en vertu de la
loi du 7 février 1851, en vue d'acquérir la qualité de Français.
Dont acte. (*La suite comme à la précédente déclaration.*)

Inutile d'ajouter que dans ces deux actes le déclarant
devra produire son acte de naissance et le décret de
naturalisation de son père.

Dans les deux cas, ces jeunes gens doivent participer
au tirage au sort.

**Loi du 14 février 1882 concernant les enfants
mineurs des naturalisés.** — La loi de 1851 était un
grand pas fait dans la voie de la naturalisation des fils
d'étrangers ; elle a été dépassée par la loi du 14 février
1882 qui ajoute les paragraphes suivants à la loi précitée :

Les enfants mineurs, même ceux nés à l'étranger avant la
naturalisation des parents, peuvent soit s'engager volontairement dans les armées de terre et de mer, soit contracter l'engagement conditionnel d'un an, conformément à la loi du 27

juillet 1872, titre IV, 3ᵉ section, soit entrer dans les écoles du Gouvernement à l'âge fixé par les lois et règlements, en déclarant qu'ils renoncent à la qualité d'étranger et qu'ils adoptent la nationalité française. — Cette déclaration ne peut être faite qu'avec le consentement exprès et spécial du père ; à défaut du père, de la mère, et, à défaut du père et de la mère, avec l'autorisation de la famille, conformément au statut personnel. Elle ne doit être reçue qu'après les examens d'admission et s'ils sont favorables......

Ainsi les fils d'étrangers naturalisés, mineurs au moment de la naturalisation, ne pourraient arguer de ce texte de loi pour réclamer leur inscription sur les tableaux de recensement de la classe des jeunes gens de leur âge, car la loi a pris le soin d'énumérer méthodiquement les trois seuls cas où l'on peut recevoir cette déclaration : 1° engagement de 5 ans ; 2° volontariat d'un an ; 3° entrée dans une école du Gouvernement. Dans ces deux derniers cas, il faut que les examens aient été favorables et dans les trois cas il faut du tuteur légal une autorisation spéciale et expresse de faire la déclaration.

Fils de réintégrés dans la qualité de Français.

— La loi de 1882 continue ainsi :

La même faculté est accordée, et aux mêmes conditions, aux enfants mineurs d'un Français qui aurait perdu la qualité de Français par l'une des trois causes exprimées dans l'article 17[1]

---

1. Art. 17. — La qualité de Français se perdra : 1° par la naturalisation acquise en pays étranger ; 2° par l'acceptation, non autorisée par le roi, de fonctions publiques conférées par un gouvernement étranger ; 3° enfin, par tout établissement fait en pays étranger sans esprit de retour. Les établissements de commerce ne pourront jamais être considérés comme ayant été faits sans esprit de retour.

du Code civil, si le père recouvre sa nationalité d'origine conformément à l'article 18 [1]. Les enfants majeurs pourront réclamer la qualité de Français par une déclaration faite dans l'année qui suivra le jour où le père a recouvré sa nationalité.

Donc le fils même né à l'étranger d'un réintégré peut faire la déclaration de l'article 9 à l'âge de 21 ans accomplis s'il était mineur au moment de la réintégration de son père ; les mineurs peuvent aussi, dans les 3 cas d'engagement, de volontariat, d'entrée dans une école du Gouvernement, déclarer, mais avec le consentement de leur tuteur légal, qu'ils renoncent à réclamer ultérieurement la qualité d'étrangers et qu'ils adoptent la nationalité française. Il va sans dire que cette déclaration les dispense de celle qu'ils auraient pu faire à 21 ans passés, puisqu'à cet âge ils seront considérés comme Français.

Cette loi de 1882 a une grande importance en ce sens qu'elle est immédiatement applicable à un grand nombre d'Alsaciens-Lorrains ; nous reviendrons sur ses applications dans un chapitre spécial.

Intervention de la nationalité de la mère dans la nationalité des enfants. — Jusqu'à présent nous n'avons vu intervenir, dans la question de naturalisation des enfants, que la nationalité du père [2]. Une loi ré-

---

1. Art. 18. — Le Français qui aura perdu sa qualité de Français pourra toujours la recouvrer, en rentrant en France avec l'autorisation du roi, et en déclarant qu'il veut s'y fixer, et qu'il renonce à toute distinction contraire à la loi française.

2. La nationalité du père est en effet primordiale en ce qui concerne celle de l'enfant né d'un légitime mariage, par l'application de la vieille règle de droit : *cum legitimæ nuptiæ factæ sunt, patrem liberi sequuntur.*

cente, du 28 juin 1883, et qu'on peut considérer comme le complément de l'article 19 du Code civil [1], fait intervenir directement la nationalité de la mère ; à la suite de la promulgation de la loi du 14 février 1882, on avait vivement réclamé en faveur d'une situation très analogue à celle dont cette loi fait l'objet : c'est la situation de la femme française qui, devenue étrangère par son mariage, recouvre sa nationalité après son veuvage, en se conformant aux prescriptions de l'article 19 du Code civil. Pour répondre à ces réclamations, l'amiral Fourichon déposa et fit adopter le texte de loi dont la teneur suit :

Loi du 28 juin 1883.

Article unique. — Pourront, à l'âge fixé par les lois et règlements, s'engager dans l'armée de terre et de mer, contracter l'engagement volontaire d'un an, se présenter aux écoles du Gouvernement, les enfants mineurs nés en France d'une femme française mariée avec un étranger, lorsqu'elle recouvre la qualité de Française conformément à l'article 19 du Code civil.

Auront les mêmes droits, les mineurs, orphelins de père et de mère, nés en France d'une femme française mariée avec un étranger.

Lesdits mineurs pourront, dans les cas prévus par les deux paragraphes précédents, s'engager, concourir pour les écoles et opter pour la nationalité française aux conditions et suivant les formes déterminées par la loi du 14 février 1882.

Remarquons que cette loi ne vise que les mineurs et

---

1. Art. 19. — Une femme française qui épousera un étranger suivra la condition de son mari. Si elle devient veuve, elle recouvrera la qualité de Française, pourvu qu'elle réside en France ou qu'elle y rentre avec l'autorisation du roi, et en déclarant qu'elle veut s'y fixer.

que, de plus, ces enfants doivent être légitimes et nés en France. En combinant cette loi avec celle de 1882 on en conclut que les enfants *mineurs nés en France* d'une femme française mariée à un étranger mais réintégrée dans la qualité de Française après son veuvage, ou les enfants *mineurs orphelins* de père et de mère, mais issus du mariage d'une Française avec un étranger et nés en France, peuvent, dans les trois seuls cas ci-après, après avoir obtenu le consentement de leur mère ou de la famille, conformément à leur statut personnel, engagement de cinq ans, engagement d'un an, entrée dans les écoles du Gouvernement, déclarer qu'ils renoncent à la qualité d'étranger et qu'ils adoptent la nationalité française ; cette renonciation ne peut être acceptée que si les examens sont favorables.

Modèles de renonciations en vertu des lois de 1882 et 1883. — Les lois de 1882 et 1883 prévoient une renonciation pour les mineurs à la qualité d'étranger ; voici le texte que nous proposons pour cette déclaration dans le cas de chacune de ces lois :

1° Renonciation à la qualité d'étranger en vertu de la loi du 17 février 1882.

L'an   , le (*jour, mois*), par-devant nous   , maire de la commune de   , canton de   , département de   , a comparu (*nom, prénoms, profession, domicile*), né le (*jour, mois, an*) à   , fils mineur

de (*nom, prénoms*) . . { Né étranger, mais naturalisé

ou :

Né Français, devenu étranger, mais réintégré dans la qualité de Français par décret en date du (*jour, mois, an*) [*si le père est décédé, en faire ici mention*] et de (*nom et prénoms de la mère*) [*si la mère est décédée, en faire ici mention*]. Lequel, après nous avoir fourni toutes les pièces nécessaires, nous a exposé qu'il se proposait :

De contracter un engagement dans les armées de terre ou de mer ;

Ou de contracter l'engagement conditionnel d'un an ;

Ou d'entrer dans telle ou telle école du Gouvernement ; qu'il avait été reçu aux examens prescrits, qu'il entendait par suite bénéficier de la loi du 17 février 1882; qu'en conséquence il déclarait renoncer, avec le consentement ci-annexé de (*énoncer ici : père, mère, famille, dans la forme usitée dans son pays d'origine*), à la qualité d'étranger et adopter définitivement la nationalité française. — Dont acte. (*A dresser en présence de deux témoins et, autant que possible, de celui qui a donné l'autorisation au mineur.*)

2° Renonciation à la qualité d'étranger en vertu de la loi du 28 juin 1883.

L'an   , le (*jour, mois*), par-devant nous   , maire de la commune de   , canton de   , département de   , a comparu (*nom, prénoms, profession, domicile*), né le (*jour, mois, an*), à (*commune, canton, département*), fils mineur de (*nom, prénoms*), de nationalité (*indiquer la nationalité*), décédé le (*jour, mois, an*), et de (*nom, prénoms de la mère*), son épouse, née Française à (*ville, pays*) [*dans le cas d'orphelin indiquer ici le décès de la mère*]. Lequel, après nous avoir fourni toutes les pièces nécessaires, nous a exposé que sa mère avait recouvré sa nationalité française, en vertu de l'article 19 du Code civil, par décret en date du   (*ou : nous a exposé qu'il était orphelin de père et de mère*), qu'il se proposait, etc. (*le restant de la déclaration comme dans la précédente*).

Dans ces deux déclarations, surtout quand il s'agira d'un orphelin, il faudra s'attacher à ce que l'autorisation

de la famille soit donnée conformément au statut personnel ; c'est l'ambassadeur du pays d'origine qui donnera
le certificat de coutume à cet égard ; les pièces à fournir sont : acte de mariage des parents, preuve de la nationalité de la mère, décès, réception aux examens, consentement de la famille, etc...

Telle est, dans l'état actuel de notre législation et en
réservant quelques cas spéciaux qui seront traités plus
loin (Alsaciens-Lorrains, Anglais, Suisses), la condition
des fils d'étrangers en France[1].

____

1. On a l'occasion de recevoir quelquefois les déclarations de filles
d'étrangers qui désirent devenir Françaises (c'est surtout dans le but
de se livrer à l'enseignement) ; il va sans dire que les formules que
nous donnons leur sont applicables, moins celles exclusivement militaires.

Rappelons aussi qu'une étrangère qui épouse un Français devient
Française par application de l'article 12 du Code civil, ainsi conçu :
« L'étrangère qui aura épousé un Français, suivra la condition de son
mari. »

CHAPITRE III.

LES PETITS-FILS D'ÉTRANGERS.

Définition du terme « petit-fils d'étranger ». — Qu'appelle-t-on petit-fils d'étranger? C'est un individu né en France d'un étranger non naturalisé, qui lui-même est né dans notre pays.

La législation les concernant est fort simple.

Les jeunes gens de cette catégorie sont de plein droit Français si, arrivés à l'âge de 22 ans, ils n'ont pas, par une déclaration en bonne et due forme, manifesté l'intention de rester étrangers.

Loi du 7 février 1851. — Jusqu'en 1851 les descendants d'étrangers établis en France depuis plusieurs générations excipaient constamment de leur extranéité quand il s'agissait du service militaire ; aucune loi ne leur imposait d'obligations sérieuses envers notre pays ; ceux qui tiraient au sort afin d'être considérés comme Français étaient en général des infirmes ou des dispensés de droit ; la loi du 7 février 1851, dont nous avons parlé dans le chapitre précédent, crut améliorer cette situation en édictant ceci dans son article 1ᵉʳ :

Est Français tout individu né en France d'un étranger qui lui-même y est né, à moins que, dans l'année qui suivra l'époque de sa majorité, telle qu'elle est fixée par la loi française, il ne réclame la qualité d'étranger par une déclaration faite, soit devant l'autorité municipale du lieu de sa résidence, soit devant les agents diplomatiques ou consulaires accrédités en France par le gouvernement étranger.

Graves défauts de cette loi. — Mais cette loi n'eut que peu d'effets ; ses défauts sont exposés d'une façon lumineuse dans une circulaire de 1859, signée de M. Haussmann, alors préfet de la Seine, et dont nous extrayons les lignes suivantes :

La loi du 7 février 1851, en déclarant Français tout individu né en France d'un père étranger, lorsque ce dernier lui-même y est né, avait pour but de diminuer le nombre toujours croissant des jeunes gens nés en France qui excipent de leur extranéité pour échapper à la loi du recrutement ; mais elle donne aux intéressés une telle latitude pour rester étrangers, qu'il leur suffit d'en manifester l'intention par une déclaration faite devant le maire du lieu de leur domicile dans l'année qui suit leur majorité.

Or, cette latitude de repousser la qualité de Français par une simple déclaration laisse subsister, en les aggravant, les abus auxquels la loi avait en vue de mettre un terme.

En effet, tous les jeunes gens valides et qui n'ont aucune cause d'exemption légale à invoquer, ont bien soin de faire leur déclaration dans le délai fixé. Ceux, au contraire, qui sont atteints d'infirmités ou en mesure d'être exemptés à d'autres titres, ne font pas de déclaration, par la raison qu'ils n'ont pas le même intérêt à repousser la qualité de Français. Ces derniers sont portés dès lors sur les tableaux de recensement où leur inscription ne fait qu'augmenter, au détriment de la population, le chiffre du contingent assigné à leur canton.

Les jeunes gens auquels la loi du 7 février 1851 est applicable parviennent ainsi à se soustraire au recrutement aussi bien dans leur propre pays qu'en France. Afin de déjouer leurs calculs, M. le ministre de la guerre a reconnu, de concert avec M. le ministre des affaires étrangères, qu'il conviendrait de les signaler à leur gouvernement. Placés dans l'alternative d'avoir à satisfaire au recrutement de l'un ou de l'autre pays, il est probable qu'ils opteraient pour celui où ils ont leur résidence et où sont également leurs intérêts. Le but de la loi se trouverait alors atteint......

Ces lignes font voir combien cette situation préoccupait déjà les autorités peu de temps après l'application de la loi, et elles font comprendre la nécessité d'une réforme. Au cours de la discussion de la loi militaire en vigueur, à la troisième lecture de l'article 9, la Chambre s'arrêta fortement sur les vices de la loi de 1851. Pour s'exempter du service militaire, a-t-on fait remarquer, un grand nombre d'individus établis en France, de père en fils et sans esprit de retour dans leur pays d'origine, n'ont qu'une simple déclaration à faire constatant leur nationalité originelle. Cette population étrangère doit être portée à plus de 1 million d'individus [1] dont la plupart se donnent comme étrangers en France et comme Français à l'étranger. Aussi ces jeunes gens sont-ils préférés dans une foule d'emplois à nos nationaux par cette raison qu'on sait qu'ils ne seront pas distraits de leurs occupations par le service militaire. On proposa donc un amendement portant que les petits-fils d'étrangers ne seraient pas portés sur nos listes de tirage qu'autant qu'ils prouveraient avoir satisfait à la loi du recrutement dans leur pays. Cet amendement fut repoussé.

---

1. Ainsi dans le seul département du Nord on a constaté la progression suivante dans le nombre des étrangers :

1851	77,000
1866	183,000
1886	300,000

Loi du 16 décembre 1874. — Mais deux ans après, la loi du 16 décembre 1874 vint aboutir au résultat cherché par l'addition d'un simple paragraphe à l'article 1er de la loi incriminée. Elle exigea une attestation en due forme du gouvernement dont se réclamait l'étranger, constatant qu'il avait conservé sa nationalité d'origine. Par ce temps d'armements à outrance en Europe, aller à un consulat étranger c'est évidemment se faire incorporer dans une armée parlant une langue dont les neuf dixièmes de ceux qui se donnent comme étrangers ne savent pas un mot.

Voici le texte de cette loi qui est fondamentale en fait de nationalité des petits-fils d'étrangers.

Art. 1er. — L'article 1er de la loi du 12 février 1851 est ainsi modifié : — Est Français, tout individu né en France d'un étranger qui lui-même y est né, à moins que, dans l'année qui suivra l'époque de sa majorité, telle qu'elle est fixée par la loi française, il ne réclame la qualité d'étranger par une déclaration faite, soit devant l'autorité municipale du lieu de sa résidence, soit devant les agents diplomatiques et consulaires de France à l'étranger et *qu'il ne justifie avoir conservé sa nationalité d'origine par une attestation en due forme de son gouvernement*, laquelle demeurera annexée à la déclaration. Cette déclaration pourra être faite par procuration spéciale et authentique.

Art. 2. — Les jeunes gens auxquels s'applique l'article précédent peuvent, soit s'engager volontairement dans les armées de terre et de mer, soit contracter l'engagement conditionnel d'un an, conformément à la loi du 27 juillet 1872, titre IV, 3e section, soit entrer dans les écoles du Gouvernement à l'âge fixé par les lois et règlements, en déclarant qu'ils renoncent à réclamer la qualité d'étranger dans l'année qui suivra leur majorité. — Cette déclaration ne peut être faite qu'avec le consentement exprès et spécial du père ou, à défaut du père, de la mère, ou à défaut de père et de mère, qu'avec l'autorisation du conseil de famille. Elle ne doit être reçue qu'après les examens d'admission et s'ils sont favorables.

Modèle de déclaration de répudiation de la nationalité française.

— La formule de renonciation à la nationalité française se trouve dans l'instruction ministérielle du 26 novembre 1872, au § 27 :

Déclaration à exiger des jeunes gens qui se prétendent étrangers.

Je soussigné (*nom et prénoms*), né à   , le 18   , domicilié à   , déclare être fils d'étranger non naturalisé, mon père (*nom et prénoms*) étant né (*nom de la nationalité*), le   18   , à (*pays*). En conséquence, je demande à n'être pas soumis aux obligations du recrutement en France.

Fait à   , le   18   .

(*Signature du déclarant.*)

Vu par nous, maire de.....

Dans la pratique, on complète cette formule par la profession et le domicile du déclarant et de son père, si possible, et par l'attestation d'identité par deux témoins.

Instruction relative à l'application de la loi de 1874.

— Quand parut la loi de 1874, le ministre de la guerre envoya le texte de cette loi à toutes les autorités intéressées à la connaître, en y joignant la très importante circulaire que nous donnons ci-après *in extenso*.

Elle fixe la marche à suivre dans l'application de cette loi et donne le modèle de déclaration à recevoir par les municipalités de la part des jeunes gens qui veulent profiter du bénéfice de l'article 2 de la loi précitée.

MINISTÈRE DE LA GUERRE.

Direction générale du personnel et du matériel.

3ᵉ Bureau.

Recrutement.

Instruction relative à l'application de la loi du 16 décembre 1874.

Circulaire nᵒ 80.

Paris, 16 février 1875.

Messieurs, j'ai l'honneur de vous adresser ampliation d'une loi en date du 16 décembre 1874 qui modifie la loi du 7 février 1851 concernant les individus nés en France d'étrangers qui eux-mêmes y sont nés.

Comme par le passé, les jeunes gens dont il s'agit conservent la faculté de répudier, dans l'année qui suit l'époque de leur majorité, la nationalité française. Mais, aux termes de l'article 1ᵉʳ de la loi nouvelle, la déclaration par eux faite d'appartenir à une nationalité étrangère n'a désormais de valeur qu'autant que le gouvernement intéressé reconnaît, par une attestation en due forme, qu'ils ont conservé cette nationalité.

Les jeunes gens nés pendant l'année 1853 et pendant les années suivantes qui, pour ne pas figurer sur les tableaux de recensement de la classe 1874 ou des classses suivantes, ont déclaré ou déclareront être étrangers, quoique leurs pères soient, comme eux-mêmes, nés sur le sol français, devront, en conséquence, demander à l'agent diplomatique accrédité en France par le gouvernement dont ils se réclament, un certificat attestant qu'ils n'ont pas perdu leur nationalité d'origine. C'est seulement sur la production de ce certificat qu'ils pourront être reçus à signer, soit devant l'autorité municipale du lieu de leur résidence, soit devant les agents diplomatiques et consulaires de France à l'étranger, la déclaration de renonciation à la nationalité française dont le modèle est inséré dans l'instruction ministérielle du 26 novembre 1872 (n° 27)[1].

Quant aux jeunes gens qui, avant la formation de la classe 1873, ont répudié la qualité de Français dans les formes et sous les conditions déterminées par la loi du 7 février 1851, leur position au point de vue de l'application de la loi sur le recrutement de l'armée est fixée d'une manière définitive par la déclaration d'extranéité qu'ils ont faite. La validité de cette déclaration ne saurait, en effet, être contestée, quand même il serait établi que le gouvernement duquel se sont réclamés ces jeunes gens refuserait de leur reconnaître la nationalité de leurs ascendants, puisque la loi en vigueur à l'époque où ils auraient dû concourir au tirage au sort n'exigeait pas cette justification.

L'article 2 de la loi du 16 décembre 1874 permet aux jeunes gens de renoncer, par anticipation, au droit que leur donne l'article 1er de réclamer la qualité d'étranger dans l'année de leur majorité ; mais cette faculté est limitée à trois cas spéciaux que la loi a pris soin d'énumérer et qui sont les suivants :

1° L'engagement volontaire dans les armées de terre ou de mer ;

2° L'engagement conditionnel d'un an, conformément à la loi du 27 juillet 1872 ;

3° L'entrée dans les écoles du Gouvernement à l'âge fixé par les lois et règlements.

Ce serait donner à cette loi une extension dont ne sont pas susceptibles les dispositions législatives consacrant une exception au droit commun, que d'étendre le bénéfice dudit article à d'autres cas que ceux qui y sont formellement spécifiés. Ainsi, par exemple, on ne pourrait admettre un jeune homme à déclarer par avance qu'il renonce à répudier, à sa majorité, la nationalité française, pour obtenir son inscription sur les listes de tirage avant d'avoir atteint l'âge de 22 ans, ainsi que le prescrit d'ailleurs l'article 9 de la loi du 27 juillet 1872.

La déclaration prévue par l'article 2 de la loi du 16 décembre 1874 sera reçue par les officiers de l'état civil et constatée par un acte conçu en ces termes :

----

1. Voir page 28.

Modèle de renonciation à la qualité d'étranger
en vertu de la loi de 1874.

L'an mil huit cent   , le   du mois
, par-devant nous, maire de la commune de   ,
canton de   , arrondissement de   , département de   , s'est présenté le sieur (*nom et prénoms*),
né le   à   , canton de   , arrondissement de   , département de   , fils de
(*nom et prénoms*), né le   , à   , canton de
, arrondissement de   , département de
, ainsi que le constate son acte de naissance qui
nous a été présenté, étranger non naturalisé à l'époque de la
naissance du déclarant, et fils lui-même de (*nom et prénoms*)
originaire de   ainsi qu'il résulte de [1]
Lequel, en vue de [2]
a déclaré renoncer à la faculté qui lui est accordée par l'article
1er de la loi du 16 décembre 1874, de réclamer la qualité
d'étranger pendant l'année qui suivra l'époque de sa majorité.

A cet effet, le déclarant nous a présenté l'autorisation à lui
délivrée en exécution de l'article 2 de la loi du 16 décembre
1874 précité, par (*père, mère, conseil de famille*).

Étaient présents : le sieur (*nom et prénoms*), âgé de
profession   , demeurant
et le sieur (*nom et prénoms*), âgé de   , profession de
, demeurant
Lesquels nous ont attesté l'individualité du comparant, ont
déclaré que ce qui précède est à leur connaissance personnelle,
et ont signé avec le déclarant et nous, maire, après lecture
faite.

Copie de cet acte sera immédiatement, dans les deux premiers
cas prévus par l'article 2 de la loi du 16 décembre 1874, an-

---

1. Acte produit, ou pièce produite, ou déclaration faite.
2. Contracter un engagement volontaire ;
Contracter un engagement conditionnel d'un an ;
Entrer à l'école   à laquelle il a été admis après con-
cours par décision du

nexée à la minute de l'acte d'engagement et, dans le troisième cas, envoyée à l'école où le déclarant aura été admis.

Je vous prie de veiller, chacun en ce qui vous concerne, à l'exécution des dispositions contenues dans la présente circulaire, et j'invite spécialement les préfets à donner à ces dispositions la publicité dont ils disposent. Recevez, etc.

Le Ministre de la guerre,
Gal E. de CISSEY.

On voit, par ce qui précède, que les petits-fils d'étrangers gagnent en réalité 2 ans sur le service militaire imposé aux Français; en effet, on ne peut les inscrire qu'une fois que leur 22ᵉ année est entièrement accomplie. Les étrangers sont donc soumis à des lois fort bénignes, ce qui explique leur accroissement incessant dans notre pays.

Descendants de religionnaires expatriés. — Nous allons parler ici d'un cas qui se présente rarement, mais que néanmoins nous avons eu l'occasion de voir dans notre pratique du service militaire. Il s'agit non seulement de petits-fils d'étrangers, mais bien de *descendants* d'étrangers, issus eux-mêmes de Français réfugiés hors de France, à la suite de la révocation de l'Édit de Nantes en 1685. Les jeunes gens qui peuvent prouver, au moyen d'une généalogie dûment établie dans leur pays de naissance, qu'ils descendent de protestants émigrés à la suite de la révocation de l'Édit de Nantes, deviennent Français en se conformant aux prescriptions de l'article 22 de la loi du 15 décembre 1790. toujours en vigueur, article dont voici le texte :

Article 22 de la loi du 15 décembre 1790.

Toutes personnes qui, nées en pays étranger, descendent, à quelque degré que ce soit, d'un Français ou d'une Française expatriés pour cause de religion, sont déclarés naturels français et jouissent des droits attachés à cette qualité, si elles reviennent en France, y fixent leur domicile et prêtent le serment civique.

Les fils de famille ne pourront jouir de ce droit, sans le consentement de leur père, mère, aïeul ou aïeule, qu'autant qu'ils seront majeurs et maîtres de leurs droits.

Un fils d'étranger dans ce cas n'a donc qu'à présenter sa généalogie depuis 1685 environ et à faire une dé-déclaration analogue à celle de l'article 9 du Code civil pour recouvrer la qualité de Français.

Comme preuve que cette loi de 1790 n'est pas abolie, nous avons transcrit dans l'Appendice (E) la partie de la discussion qui a eu lieu au Sénat en 1886 à propos d'un projet de loi sur la naturalisation.

Modèle de déclaration en vertu de la loi de 1790.

L'an   , le (*jour, mois*), par-devant nous maire de la commune de   , canton de   . département de   , a comparu (*nom et prénoms, profession, domicile*), né le (*jour, mois, an*), à (*ville, pays*), lequel, après nous avoir présenté (*énoncer les pièces et l'autorité qui les a délivrées*)[1], établissant qu'il descend de (*nom et prénom*), natif de (*ville, province de France*), expatrié en (*année*) pour cause de religion, à la suite de la révocation de l'Édit de Nantes (1685), nous a déclaré qu'il fixait son domicile en France et qu'en conséquence il réclamait la qualité de Français en vertu de l'art. 22 de la loi du 15 décembre 1790. Dont acte. Fait en présence de MM. (*noms, prénoms, âges, qualités, domiciles des deux témoins*) qui nous ont affirmé l'identité du déclarant et ont signé avec lui et nous après lecture.

---

1. Il sera prudent d'annexer ces pièces ou copie de ces pièces à la présente déclaration.

CHAPITRE IV

Les originaires d'Alsace-Lorraine devaient opter en 1872. — A la suite de la fatale guerre qui nous a coûté la perte de l'Alsace et de la Lorraine, deux conventions ont été signées entre la France et l'Allemagne : le traité de paix du 10 mai 1871 et la convention additionnelle de Francfort du 11 décembre 1871.

Dans le premier de ces documents un certain laps de temps était accordé aux *originaires* des pays annexés pour opter entre la nationalité française ou la nationalité allemande ; le second a précisé ce qu'on devait entendre par le mot « originaire », qui fut ainsi commenté par M. Dufaure : « Tous ceux qui sont nés dans les territoires cédés, quels que soient leur âge, leur sexe et leur domicile, sont tenus de faire une déclaration s'ils entendent conserver la qualité de Français ; à défaut de cette déclaration dans les délais prescrits[1], ils seront considérés comme Allemands. Au contraire, tous ceux qui ne sont pas nés dans ces territoires n'ont aucune déclaration à faire et sont Français de droit. » (Circulaire du ministre de la justice du 30 mars 1872.)

---

1. C'était jusqu'au 1ᵉʳ octobre 1872 pour les Alsaciens-Lorrains habitant l'Europe et jusqu'au 1ᵉʳ octobre 1873 pour ceux hors d'Europe.

Les fils d'Alsaciens-Lorrains ne peuvent faire la déclaration de l'article 9. — Malgré les termes formels de ces documents, bien des Alsaciens-Lorrains n'ont pas opté en temps voulu soit pour eux, soit pour leurs enfants mineurs; les uns et les autres ont donc définitivement perdu la qualité de Français. Cependant, les jeunes gens dont les parents n'avaient pas opté pour eux ont cru un moment, et quelques officiers de l'état civil ont partagé leur erreur, qu'il leur suffisait de se conformer aux prescriptions de l'article 9 du Code civil et de se considérer comme nés en France d'un étranger pour recouvrer leur nationalité première. Malheureusement il résulte d'une fiction de droit international que tout territoire annexé à un autre pays est censé lui avoir toujours appartenu; conséquemment, ni l'article 9, ni les lois de 1849 et 1851 ne sont applicables dans le cas qui nous occupe.

Ainsi donc, le fils d'un Alsacien-Lorrain ne peut jamais être inscrit sur les listes de tirage quand son père, à titre de tuteur légal, n'a pas opté pour lui, quand même ledit père aurait personnellement opté pour la nationalité française.

Les Allemands exigent même que les optants quittent le territoire cédé pour considérer l'option comme valable : ainsi, un jeune Alsacien-Lorrain, dont le père a opté pour lui et les siens, mais qui a conservé son domicile en pays annexé, s'expose, en entrant dans les rangs de notre armée, à être considéré comme réfractaire par l'autorité allemande s'il retourne au domicile de ses parents; les Allemands traitent de même un fils d'Alsacien-Lorrain dont le père a réclamé l'option pour ses enfants et pas pour lui-même.

Circulaire du 7 décembre 1875. — On ne doit donc inscrire ces jeunes gens sur les listes de recensement d'une classe qu'après les avoir bien prévenus. On devra leur faire certifier par écrit qu'ils demandent quand même à faire partie de notre armée ; c'est ce qui résulte de la circulaire ministérielle du 7 décembre 1875 dont il est toujours bon de leur lire les lignes suivantes :

Les jeunes gens originaires des pays cédés à l'Allemagne qui, ainsi que leur père, mère ou tuteur, ont opté pour la nationalité française, seront portés sur les tableaux de recensement de la commune où leur famille a aujourd'hui son domicile légal.

Quant à ceux de ces jeunes gens dont les père, mère ou tuteur n'auraient pas eux-mêmes réclamé la nationalité française, ou auraient conservé leur domicile sur le territoire cédé, on ne devra les inscrire que s'ils en font formellement la demande. Ils seront prévenus que le gouvernement allemand, contestant la validité de leur option personnelle, lors même qu'elle a eu lieu avec l'assentiment de leurs représentants légaux, ils s'exposent, en entrant dans les rangs de notre armée, à être poursuivis comme réfractaires par l'autorité allemande. Mention de cet avis sera faite sur le tableau de recensement et ils devront la certifier par leur signature.

On voit que par ces mesures, parfaitement étudiées, le gouvernement allemand interdisait à nos ex-compatriotes toute chance d'accès dans notre armée ou nos écoles ; il n'y avait plus pour eux que la voie de la naturalisation pour redevenir Français.

La loi du 14 février 1882 est venue heureusement modifier cet état de choses ; voici comment : l'article 18 du Code civil permet de réintégrer dans sa qualité de Français un Français qui l'aurait perdue ; c'est le cas des Alsaciens-Lorrains n'ayant pas opté. Or deux cas se présentent : ou c'est le réintégré lui-même qui est susceptible de service militaire, ou ce sont ses enfants. Dans le premier cas, un réintégré, s'il n'a servi, peut, si bon lui semble, se faire inscrire en vue du tirage au sort [1]. Disons tout de suite que cette réintégration n'est, en général, accordée qu'aux Alsaciens-Lorrains porteurs d'un permis d'émigration, ou pour mieux dire de dénaturalisation [2].

Dans le second cas, le réintégré a des enfants : alors la loi de 1882 [3] intervient tant pour les mineurs que pour les majeurs. S'ils sont mineurs au moment de la réintégration de leur père, ils peuvent faire à leur majorité la déclaration de l'article 9.

Ils peuvent aussi renoncer d'avance, quoique mineurs, à la qualité d'étranger, mais dans les 3 cas spécifiés : d'engagement volontaire de 5 ans, d'engagement conditionnel d'un an, d'entrée dans les écoles du Gouvernement.

Nous répéterons ici ce que nous avons dit plus haut : il faut le consentement exprès et spécial du tuteur légal et que les examens soient favorables. La circulaire du ministre de la guerre du 30 décembre 1882 exige expressément en plus la production d'un permis d'émigration régulier délivré par le gouvernement allemand.

----

1. En voir la raison p. 8, note 1.
2. Voir à l'Appendice la formule de cette pièce allemande (F).
3. Voir le texte de cette loi, p. 18.

Quant aux majeurs, ils ne deviennent Français que s'ils font leur déclaration dans l'année qui a suivi la réintégration de leur père. Une circulaire ministérielle du 28 février 1887 permet d'inscrire ces jeunes gens majeurs sur les listes de recensement.

L'Association d'Alsace-Lorraine prétend qu'on peut appliquer la loi de 1874 aux Alsaciens mineurs nés avant l'annexion, habitant la France et en possession d'un permis d'émigration; voici son raisonnement qui ne manque pas de valeur: le jeune homme n'est plus Allemand; de plus, il est fils d'un étranger né lui-même en territoire français, donc on peut lui appliquer les règles concernant les petits-fils d'étranger. Nous ne croyons pas que la jurisprudence ait admis ce raisonnement.

———

CHAPITRE V.

LES SUJETS ANGLAIS.

Convention franco-anglaise de 1876. — La loi du 16 décembre 1874 exige que les petits-fils d'étrangers, nés en France d'un père qui lui-même y est né, produisent un certificat en due forme de leur gouvernement constatant que ledit jeune homme a conservé sa nationalité. Le gouvernement anglais s'est entendu [1] avec le gouvernement français sur la formule de ce certificat, qui sera établi différemment suivant que le père du jeune Anglais est natif de France ou de l'étranger, ou d'un pays soumis à la domination britannique.

A la suite de cette convention, les circulaires du garde des sceaux en date du 7 janvier 1876 et du ministre de la guerre du 4 janvier 1877 invitèrent les maires à s'abstenir de porter sur leurs tableaux de recensement les jeunes gens nés en France de père anglais, *quel que soit le lieu de naissance de ce dernier*, lorsqu'ils produiront l'un ou l'autre des certificats dont le modèle avec la traduction se trouve ci-après :

---

1. Une convention analogue est sur le point d'être passée avec le gouvernement belge. Voir Appendice G.

MODÈLE DU CERTIFICAT

POUR UN SUJET BRITANNIQUE DONT LE PÈRE EST NÉ EN FRANCE

(OU DANS UN AUTRE PAYS NON SOUMIS A LA DOMINATION ANGLAISE).

I hereby certify that L. has satisfied me :

1° That his nationality by origin is that of a natural-born British subject, by virtue of M., his paternal grandfather, having been a natural-born British subject;

2° That the said L. still preserves such nationality.

Signé : A. B.
One of Her Majesty's Principal Secretaries of State.

Home Office.

White Hall, the   day of   18 .

I certify the above to be the signature of A. B., Her Majesty's Principal Secretary of State for the Home department.

Signé : C. D.
Her Majesty's Principal Secretary
of State for Foreign Affairs.
Ou Signé : E. F.
Under-Secretary of State for Foreign Affairs.

Foreign Office.

The   day of   18 .

Vu pour la légalisation de la signature de C. D., principal Secrétaire d'État de Sa Majesté britannique au département des Affaires étrangères (ou de E. F., sous-secrétaire d'État au département des Affaires étrangères).

Fait à   , le   18 .

Le Consul (ou vice-consul ou agent consulaire)
de la Grande-Bretagne,
Signé : G. H.

TRADUCTION

Je certifie par les présentes que L. m'a prouvé :

1° Que sa nationalité d'origine est celle de sujet britannique, son grand-père paternel M. étant né sujet britannique ;

2° Que ledit L. conserve encore cette nationalité.

Signé : A. B.

L'un des principaux Secrétaires d'État de Sa Majesté Britannique.

Ministère de l'Intérieur.

White Hall, le   18   .

Pour traduction conforme à l'original :

Le Consul (ou *vice-consul* ou *agent consulaire*) *de la Grande-Bretagne,*

Signé : G. H.

Fait à   le   18   .

MODÈLE DU CERTIFICAT

POUR UN SUJET ANGLAIS DONT LE PÈRE EST NÉ DANS UN PAYS
SOUMIS A LA DOMINATION BRITANNIQUE.

I hereby certify that L. has satisfied me :

1° That his nationality by origin is that of a natural-born British subject, by virtue of M., his father, having been a natural-born British subject ;

2° That the said L. still preserves such nationality.

Signé : A. B.

One of Her Majesty's Principal Secretaries of State.

Home Office.
White Hall, the   .   day of   18 .

I certify the above to be the signature of A. B., Her Majesty's Principal Secretary of State for the Home Department.

Signé : C. D.

Her Majesty's Principal Secretary of State for Foreign Affairs,

Ou Signé : E. F.,

Under-Secretary of State for Foreign Affairs.

Foreign Office.
The   day of   18 .

Vu pour la légalisation de la signature ci-dessus de C. D., principal Secrétaire d'État de Sa Majesté Britannique au département des Affaires étrangères (ou de E. F., Sous-Secrétaire d'État au département des Affaires étrangères).

Fait à   .   , le   18 .

*Le Consul (ou vice-consul ou agent consulaire)
de la Grande-Bretagne,*

Signé : G. H.

TRADUCTION

Je certifie par les présentes que L. m'a prouvé :

1° Que sa nationalité d'origine est celle de sujet britannique, M., son père, étant né sujet britannique ;

2° Que ledit L. conserve encore cette nationalité.

Signé : A. B.

L'un des principaux Secrétaires d'État de Sa Majesté Britannique.

Pour traduction conforme à l'original,

Ministère de l'Intérieur.
White Hall, le   18   .

*Le Consul (ou vice-consul ou agent consulaire)
de la Grande-Bretagne,*

Signé : G. H.

Fait à   , le   18   .

Comme on le voit sur l'original anglais, la signature du secrétaire d'État au département de l'intérieur sera légalisée par le secrétaire d'État des affaires étrangères britanniques ; cette dernière signature sera légalisée par le consul, vice-consul ou tout autre agent du gouvernement britannique chargé de délivrer le certificat à la partie intéressée.

C'est ce même agent qui *certifiera conforme la traduction française dont sont accompagnés les certificats*.

Aucune autre légalisation ou certification ne pourra être exigée.

CHAPITRE VI.

LES SUISSES.

Convention franco-suisse du 23 juillet 1879. — Le 11 novembre 1880, le procureur de la République du tribunal de la Seine[1] adressait aux maires du département de la Seine la lettre dont nous extrayons les lignes suivantes :

Aux termes d'un décret en date du 7 juillet 1880 portant promulgation de la convention conclue le 23 juillet 1879 entre la France et la Suisse à l'effet de régulariser la situation des enfants des *Français naturalisés Suisses*, tous les individus dont les parents, Français d'origine, se font naturaliser Suisses, et qui sont mineurs au moment de cette naturalisation peuvent choisir dans le cours de leur 22e année entre les deux nationalités française et suisse. Tant qu'ils n'ont pas opté pour la nationalité suisse, ils sont considérés comme Français.

L'option résulte d'une déclaration faite par l'intéressé devant l'autorité municipale du lieu de sa résidence, ceux qui n'auront pas effectué cette déclaration dans le cours de leur 22e année seront considérés comme ayant définitivement conservé la nationalité française.

Voici le texte des 4 premiers articles de la convention précitée, les seuls qui nous intéressent :

Art. 1er. — Les individus dont les parents, Français d'origine, se font naturaliser Suisses, et qui sont mineurs au moment de cette naturalisation, auront le droit de choisir, dans le cours de

---

1 Les questions de nationalité sont, en effet, du ressort des tribunaux.

leur 22ᵉ année, entre les deux nationalités française et suisse. Ils seront considérés comme Français jusqu'au moment où ils auront opté pour la nationalité suisse.

Art. 2. — L'option pour la nationalité suisse résultera d'une déclaration faite par l'intéressé devant l'autorité municipale française ou suisse du lieu de sa résidence. Si l'intéressé ne réside ni sur le territoire français ni sur le territoire suisse, il pourra faire cette déclaration devant les agents diplomatiques ou consulaires de l'un ou de l'autre État. Il pourra se faire représenter par un mandataire pourvu d'une procuration spéciale et légalisée.

Ceux qui n'auront pas effectué cette déclaration dans le cours de leur 22ᵉ année seront considérés comme ayant définitivement conservé la nationalité française.

Art. 3. — Les jeunes gens à qui est conféré ce droit d'option ne seront pas astreints au service militaire en France avant d'avoir accompli leur 22ᵉ année. Toutefois, ils pourront, sur leur demande, remplir avant leur majorité leurs obligations militaires, ou s'engager dans l'armée française, à la condition de renoncer à leur droit d'option pour la nationalité suisse. Cette renonciation devra être faite par les intéressés, avec le consentement de leurs représentants légaux, dans les mêmes formes et devant les mêmes autorités que les déclarations d'option.

Art. 4. — Toute déclaration d'option ou de renonciation au droit d'opter sera communiquée à l'autre gouvernement par celui qui l'aura reçue.

Application de la convention du 23 juillet 1879 relative aux fils de Français naturalisés suisses.

— A la suite de cette convention, le ministre de la guerre a adressé aux préfets la circulaire dont la teneur suit :

Paris, le 18 novembre 1881.

Messieurs,

En vue de faciliter l'application de la convention consulaire conclue entre la France et la Confédération Helvétique le 23 juillet 1879, relativement à la position militaire des fils de Français naturalisés Suisses, j'ai, de concert avec les différents départements ministériels intéressés, arrêté les dispositions suivantes qui complètent les instructions contenues dans la circulaire du 16 décembre 1880 [1].

1° Dans le cas où l'option est faite devant les agents diplomatiques ou consulaires de France en Suisse, et où l'optant figure sur les listes du recrutement préparées par ces agents, ceux-ci avisent directement le préfet du département dont l'optant est originaire. Ce fonctionnaire, après avoir rayé l'optant des listes dont il est détenteur, communique l'avis à l'autorité militaire locale qui opère la même radiation sur les listes du recrutement et sur les contrôles de l'insoumission s'il y a lieu ;

2° Avis des options reçues dans les autres conditions sera donné soit par le Ministère de l'Intérieur pour les options reçues dans les municipalités françaises, soit par le Ministère de la Justice pour celles qui auront été faites devant nos agents diplomatiques dans les pays autres que la Suisse, au département de la guerre qui prendra les mesures nécessaires pour la radiation des optants ;

3° Enfin, les optants résidant en Suisse recevront de notre embassadeur un certificat conforme au modèle ci-joint, destiné à leur servir en quelque sorte de sauf-conduit, dans le cas où, étant l'objet de poursuites comme insoumis, leur radiation n'aurait pu être effectuée dans les conditions spécifiées aux paragraphes précédents, faute d'indications précises sur le lieu du tirage au sort.

Les autorités militaires locales auxquelles ces certificats seraient présentés, m'en rendront compte immédiatement et je prendrai (*Bureau de la Justice militaire*) telles dispositions qu'il y aura lieu pour la régularisation de la position des intéressés.

Les dispositions qui précèdent ne sont, d'ailleurs, applicables qu'aux seuls jeunes gens dont l'option a été ou sera reçue en vertu des dispositions transitoires de l'article 5 de la convention du 23 juillet 1879, c'est-à-dire à ceux qui sont nés avant le 1er janvier 1860.

Les fils de Français naturalisés Suisses qui sont nés postérieu-

----

1. Cette circulaire ne contenait guère que le texte de la convention.

rement à cette date, sont tenus, comme l'indique la circulaire précitée du 16 décembre 1880, de faire connaître, par la voie diplomatique, dans l'année où ils doivent atteindre l'âge de 20 ans, leur position spéciale au préfet de leur département d'origine, afin qu'il soit sursis à leur inscription. Ils doivent ultérieurement avoir soin de notifier leur option à ce fonctionnaire dès qu'ils l'ont signée ; car, faute de cette notification, leur inscription est effectuée d'office dès qu'ils atteignent l'âge de 22 ans.

M. le Ministre des Affaires étrangères a donné à nos agents diplomatiques les instructions nécessaires pour qu'ils aient à faciliter aux optants l'accomplissement de cette formalité.

CAMPENON.

Modèle du certificat qui sera délivré par l'ambassadeur de France en Suisse aux Français qui optent pour la nationalité suisse.

M. (*nom et prénoms*)   , né le   , à   ,
domicilié à   , canton d   (Suisse), fils
d   , natif de la commune d   , département
d   (France), citoyen de la commune d   ,
canton d   (Suisse), depuis le
a, aux termes de la convention conclue le 23 juillet 1879 entre la Suisse et la France, déclaré *opter pour la nationalité suisse et renoncer à la nationalité française.*

Cette déclaration d'option a été communiquée officiellement à l'ambassade de France en Suisse le

En conséquence et conformément aux dispositions de l'article 1er de la convention susmentionnée (voir *Journal officiel de la République française* du 11 juillet 1880), M.   a cessé d'être Français et est devenu exclusivement citoyen suisse.

Voici maintenant les modèles des déclarations à recevoir en France par les municipalités en vue de l'application de la convention franco-suisse :

1° Modèle d'une déclaration d'option pour la nationalité suisse.

Le (*jour, mois, année*)   , par-devant nous (*nom et prénoms de l'officier de l'état civil*), Maire de la commune de   , canton de   , département de   a comparu le sieur (*nom et prénoms*), né le   à   , canton de   , département de   , fils de (*nom et prénoms du père*) et de (*nom et prénoms de la mère*), lequel nous a déclaré [1] : que son père (*ou sa mère veuve*) ayant obtenu la naturalisation suisse par acte du gouvernement fédéral en date du   , il entend user de la faculté qui lui est accordée par l'article 1er de la convention du 23 juillet 1879 et opter en conséquence pour la nationalité suisse.

Et le déclarant a signé avec nous.

2° Modèle d'une déclaration de renonciation à la nationalité suisse.

Le (*jour, mois, année*), par-devant nous (*nom et prénoms de l'officier de l'état civil*), Maire de la commune de   , canton de   , département de   a comparu le sieur (*nom et prénoms du déclarant*), né le   18   à   , canton de   , département de   , fils de (*nom et prénoms du père*) et de (*nom et prénoms de la mère*), lequel nous a déclaré [1] : que son père (*ou sa mère veuve*) a obtenu la naturalisation suisse par acte du gouvernement fédéral en date du   , mais qu'étant dans l'intention de se soumettre, dès à présent, aux obligations de la loi militaire française, il renonce, avec le consentement de (*représentants légaux : père, mère ou tuteur*) dont il a justifié devant nous, à la faculté qui

---

1. Exiger les pièces à l'appui de ses déclarations.

lui est accordée par l'article 1er de la convention du 23 juillet 1870.

Et a le déclarant signé avec nous.

Bien que dans ces modèles il ne soit pas fait mention de témoins, nous croyons prudent d'exiger la présence de deux témoins, quand les maires ne peuvent pas, par eux-mêmes, attester l'identité du déclarant.

CONCLUSION

Il ressort de ce travail que les étrangers peuvent se ramener à quatre catégories :

1° Les naturalisés ;

2° Les réintégrés ;

3° Les fils d'étrangers ;

4° Les petits-fils d'étrangers.

Les naturalisés ne sont soumis à aucune obligation militaire ; les trois autres doivent ou peuvent servir dans certaines conditions. La première chose à faire, quand il s'agit de recrutement, pour un étranger, est donc de s'assurer qu'il rentre bien dans une des espèces ci-dessus indiquées ; nous avons vu aussi qu'il y avait des distinctions à établir entre les mineurs et les majeurs ; nous avons essayé de résumer tous les cas qui peuvent se présenter dans le tableau ci-après qui pourrait servir de table analytique à la présente brochure ; en le consultant, on saura tout de suite ce que l'on doit faire et l'on y trouvera en même temps l'indication de la loi qui est visée ; les textes de toutes ces lois sont dans le cours de cet ouvrage.

APPENDICE

A

Lois des 3 décembre 1849 et 29 juin 1867.

Cette dernière remplace les deux premiers articles et supprime l'article 5 de la première ; d'où le texte suivant :

Art. 1er. — L'étranger qui, après l'âge de vingt et un ans accomplis, a, conformément à l'article 13 du Code Napoléon, obtenu l'autorisation d'établir son domicile en France, et y a résidé pendant trois années, peut être admis à jouir de tous les droits de citoyen français. — Les trois années courront à partir du jour où la demande d'autorisation aura été enregistrée au ministère de la justice. — Est assimilé à la résidence en France le séjour en pays étranger pour l'exercice d'une fonction conférée par le gouvernement français. — Il est statué sur la demande en naturalisation, après enquête sur la moralité de l'étranger, par un décret de l'Empereur (*le Président de la République*), rendu sur le rapport du ministre de la justice, le Conseil d'État entendu.

Art. 2. — Le délai de trois ans, fixé par l'article précédent, pourra être réduit à une seule année en faveur des étrangers qui auront rendu à la France des services importants, qui auront introduit en France soit une industrie, soit des inventions utiles, qui y auront apporté des talents distingués, qui y auront formé de grands établissements ou créé de grandes exploitations agricoles.

Art. 3. — Tant que la naturalisation n'aura pas été prononcée, l'autorisation accordée à l'étranger d'établir son domicile en France pourra toujours être révoquée ou modifiée par décision du Gouvernement, qui devra prendre l'avis du Conseil d'État.

Art. 4. — Les dispositions de la loi du 14 octobre 1814 concernant les habitants des départements réunis à la France ne pourront plus être appliquées à l'avenir.

Art. 5. — (*Abrogé.*)

Art. 6. — L'étranger qui aura fait, avant la promulgation de la présente loi (1849), la déclaration prescrite par l'article 3 de la Constitution de l'an VIII [1] pourra, après une résidence de dix années, obtenir la naturalisation suivant la forme indiquée à l'article 1er.

Art. 7. — Le ministre de l'intérieur pourra, par mesure de police, enjoindre à tout étranger voyageant ou résidant en France, de sortir immédiatement du territoire français, et le faire conduire à la frontière. — Il aura le même droit à l'égard de l'étranger qui aura obtenu l'autorisation d'établir son domicile en France ; mais, après un délai de deux mois, la mesure cessera d'avoir effet si l'autorisation n'a pas été révoquée suivant la forme indiquée dans l'article 3. — Dans les départements frontières, le préfet aura le même droit à l'égard de l'étranger non résidant, à la charge d'en référer immédiatement au ministre de l'intérieur.

Art. 8. — Tout étranger qui se serait soustrait à l'exécution des mesures énoncées dans l'article précédent ou dans l'article 272 du Code pénal [2], ou qui, après être sorti de France par suite de ces mesures, y serait rentré sans la permission du Gouvernement, sera traduit devant les tribunaux et condamné à un emprisonnement d'un mois à six mois. — Après l'expiration de sa peine, il sera conduit à la frontière.

Art. 9. — Les peines prononcées par la présente loi pourront être réduites conformément aux dispositions de l'article 463 du Code pénal [3].

---

1. Voici le texte de l'article 3 de la Constitution du 22 frimaire an VIII : « Un étranger devient citoyen français, lorsqu'après avoir atteint l'âge de vingt et un ans accomplis et avoir déclaré l'intention de se fixer en France, il y a résidé pendant dix années consécutives. »

2. Code pénal, art. 272. Les individus déclarés vagabonds par jugement pourront, s'ils sont étrangers, être conduits, par les ordres du Gouvernement, hors du territoire du royaume.

3. L'article 463 du Code pénal vise les réductions de peine pour les individus en faveur desquels il aura été reconnu des circonstances atténuantes.

B

Décret des 12-16 septembre 1870

Qui autorise provisoirement le ministre de la justice à statuer, sans prendre l'avis du Conseil d'État, sur les demandes de naturalisation formées par les étrangers qui ont obtenu l'autorisation d'établir leur domicile en France.

Art. 1er. — Le ministre de la justice est provisoirement autorisé à statuer, sans prendre l'avis du Conseil d'État, sur les demandes de naturalisation formées par les étrangers qui ont obtenu l'autorisation d'établir leur domicile en France, conformément aux dispositions de l'article 13 du Code civil, ou qui auront fait, antérieurement à la promulgation de la loi du 3 décembre 1849, la déclaration prescrite par l'article 3 de la Constitution de l'an VIII.

Art. 2. — Les dispositions des lois du 3 décembre 1849 et du 29 juin 1867 sont maintenues en tout ce qui n'est pas contraire au présent décret.

Art. 3. — Le paiement des droits établis, dans l'intérêt du Trésor national, par l'ordonnance du 8 octobre 1814 et par la loi du 28 avril 1816, continuera d'être opéré. — Est également maintenue la disposition de l'ordonnance du 8 octobre 1814 qui autorise à remettre lesdits droits en tout ou en partie.

Art. 4. — Le présent décret sera publié et inséré au *Bulletin des Lois.*

Décret des 26-31 octobre 1870

Relatif à la naturalisation des étrangers qui auront pris part à la guerre actuelle pour la défense de la France.

Considérant qu'un certain nombre de demandes d'admission à domicile et de naturalisation ont été formées par des étrangers qui prennent actuellement part à la défense de Paris,

Décrète :

Art. 1er. — Le délai d'un an exigé par l'article 2 de la loi du 3 décembre 1849, modifié par la loi du 29 juin 1867, pour la naturalisation exceptionnelle, ne sera pas imposé aux étrangers qui auront pris part à la guerre actuelle pour la défense de la France. En conséquence, ces étrangers pourront être naturalisés aussitôt après leur admission à domicile, sauf l'enquête prescrite par la loi.

Art. 2. — Les demandes d'admission à domicile ou de naturalisation formées par les étrangers qui se trouvent dans le cas de l'article 1er sont dispensés de tous frais.

Art. 3. — Les dispositions qui précèdent ne seront applicables qu'aux demandes formées avant l'expiration des deux mois qui suivront la cessation de la guerre.

A la suite de ce décret, la délégation du Gouvernement à Tours publia un décret (19 novembre-5 décembre 1870) qui réglementait les conditions de cette naturalisation exceptionnelle ; il n'a plus qu'un intérêt historique et nous renvoyons, pour ceux qui voudraient en prendre connaissance, au *Bulletin des lois* publié à Tours. (*Bull. 13, n° 236.*)

C

MINISTÈRE
DE LA JUSTICE.

BUREAU DU SCEAU.

ADMISSION A DOMICILE ET NATURALISATION
DES ÉTRANGERS.

Note.

Aux termes de la loi du 29 juin 1867, l'étranger qui veut obtenir la qualité de Français doit d'abord être admis par décret à établir son domicile en France, conformément à l'article 13 du Code civil (admission qui lui donne la jouissance des droits civils, mais non la qualité de Français).

La demande tendant à *l'admission à domicile* en France doit être rédigée sur papier timbré et accompagnée de l'acte de naissance du pétitionnaire, légalisé, et de la traduction de cet acte, s'il est en langue étrangère, ainsi que d'un extrait du casier judiciaire [1]. Elle doit contenir l'engagement d'acquitter les droits, s'élevant à la somme de 175 fr. 25 c.

La *naturalisation*, qui confère la qualité de Français et à laquelle est attachée la jouissance de tous les droits de citoyen français, ne peut être sollicitée et obtenue que trois années après la demande d'admission à domicile. (La date court à partir du jour où cette demande a été enregistrée au Ministère de la Justice.)

La naturalisation peut être accordée, *exceptionnellement*, un an après l'admission à domicile, aux étrangers qui auront rendu à la France des services importants, qui auront introduit en France, soit une industrie, soit des inventions utiles ; qui y auront apporté des talents distingués ; qui y auront formé de grands établissements ou créé de grandes exploitations agricoles. (Art. 2 de la loi du 29 juin 1867.)

La demande de naturalisation doit être adressée en double exemplaire, sur papier timbré, et doit contenir l'engagement de payer les droits (175 fr. 25 c.) ; elle doit être accompagnée d'un extrait du casier judiciaire [1].

L'admission à domicile et la naturalisation étant des mesures prises exclusivement dans l'intérêt personnel des étrangers qui les obtiennent, la remise partielle des droits ne peut jamais être accordée qu'à titre exceptionnel ; la remise totale n'est

---

1. La demande d'extrait du casier judiciaire doit être rédigée sur papier timbré et adressée soit au procureur de la République de l'arrondissement d'origine si le pétitionnaire est né en France, en Corse ou en Algérie, soit au Garde des Sceaux, Ministre de la Justice. s'il est né à l'étranger, en Alsace-Lorraine ou dans les Colonies. Cette demande doit présenter le nom du pétitionnaire, ses prénoms, le lieu et la date de sa naissance, les prénoms de son père, les nom et prénoms de sa mère, son domicile, son état civil et de famille et sa profession ; elle doit être signée par lui et accompagnée d'un mandat postal de 3 fr. 65 c. payable au greffier près le tribunal d'arrondissement du lieu de sa naissance, s'il est né en France, en Corse ou en Algérie, et au greffier près le tribunal d'arrondissement de son domicile s'il est né à l'étranger.

accordée qu'en considération de services publics ou d'actes de courage et dévouement, de distinction acquise dans les arts, les sciences ou les lettres.....

Les demandes d'admission à domicile, de naturalisation et d'extrait du casier judiciaire central adressées au Garde des Sceaux, Ministre de la Justice, peuvent être envoyées par la poste, sans affranchissement.

RÉFÉRENDAIRES AU SCEAU DE FRANCE.

MM. ANDRÉ ✳, rue Montaigne, 9,
 VERSTRAETE, boulev^d Saint-Germain, 147.
 MANSAIS, rue Fortuny, 16.
 RENAUX, boulevard Malesherbes, 68.
 COLLAS, rue de l'Université, 3.
 MÉRIC, rue de Madrid, 22.

MM. LAINÉ, rue de la Victoire, 73.
 DE BERLY, rue Godot-de-Mauroi, 26.
 SAVIGNAC SOUVILLOUZE, rue de Trévise, 41.
 LEROY, rue Moncey, 2.
 LABRUYER, rue Volney, 8.
 BOUIS, b^d Saint-Germain, 179.

Les Référendaires au sceau de France, chargés de la perception et du versement des droits, peuvent, dans la présentation des demandes, agir comme conseils ou mandataires des parties intéressées.

D

Sénatus-Consulte des 14-21 juillet 1865

Sur l'état des personnes et la naturalisation en Algérie.

Art. 1er. — L'indigène musulman est Français ; néanmoins il continuera à être régi par la loi musulmane. Il peut être admis à servir dans les armées de terre et de mer. Il peut être appelé à des fonctions et emplois civils en Algérie. Il peut, sur sa demande, être admis à jouir des droits de citoyen français ; dans ce cas, il est régi par les lois civiles et politiques de la France.

Art. 2. — L'indigène israélite est Français ; néanmoins, il continuera à être régi par son statut personnel. Il peut être admis à servir dans les armées de terre et de mer. Il peut être appelé à des fonctions et emplois civils en Algérie. Il peut, sur sa demande, être admis à jouir des droits de citoyen français ; dans ce cas, il est régi par la loi française.

Art. 3. — L'étranger qui justifie de trois années de résidence en Algérie peut être admis à jouir de tous les droits de citoyen français.

Art. 4. — La qualité de citoyen français ne peut être obtenue, conformément aux articles 1, 2 et 3 du présent sénatus-consulte, qu'à l'âge de vingt et un ans accomplis ; elle est conférée par décret impérial rendu en Conseil d'État.

Art. 5. — Un règlement d'administration publique déterminera : 1° les conditions d'admission, de service et d'avancement des indigènes musulmans et des indigènes israélites dans les armées de terre et de mer ; — 2° les fonctions et emplois civils auxquels les indigènes musulmans et les indigènes israélites peuvent être nommés en Algérie ; — 3° les formes dans lesquelles seront instruites les demandes prévues par les articles 1, 2 et 3 du présent sénatus-consulte.

<h1 style="text-align:center">E</h1>

SÉNAT. — SESSION DE 1886.

Séance du lundi 15 novembre 1886

(Suite de la 1re délibération sur la proposition de loi
de M. Batbie sur la nationalité).

M. le président. — Sur l'article 7, la parole est à M. de Pressensé.

M. de Pressensé. — Messieurs, une question très grave se trouve engagée dans le premier membre de phrase de l'article 7, qui est ainsi conçu :

« Sont abrogés la loi du 15 décembre 1790, etc... »

Il m'est impossible de laisser passer par prétérition ce qui nous est proposé par ces premiers mots de l'article 7.

En effet, la loi qu'on nous demande d'abroger rappelle un des plus nobles souvenirs de l'Assemblée constituante de 1789.

celui d'un grand acte de réparation, accompli au nom de la France, de ce grand attentat contre la conscience qui s'appelle la révocation de l'Édit de Nantes, et sur lequel je n'ai à entrer dans aucun développement ; car il suffit de le rappeler pour évoquer le souvenir de tout un passé d'iniquités abominables d'une part et du plus admirable héroïsme de l'autre.

Que porte cette loi du 15 décembre 1790 ? Elle se composait de deux parties. Dans la première, il s'agissait de la restitution des biens aux héritiers des exilés pour cause de religion qui avaient été frustrés.

Cette première partie est aujourd'hui complètement caduque et n'a plus aucune espèce d'application ; mais il y avait un article 22 qui est encore tous les jours appliqué, bien que dans des conditions restreintes.

Cet article 22, sur lequel je prends la liberté d'appeler votre attention, messieurs, était ainsi conçu :

« Toutes personnes qui, nées en pays étranger, descendent, en quelque degré que ce soit, d'un Français ou d'une Française expatriés pour cause de religion, sont déclarées naturels français et jouissent des droits attachés à cette qualité, si elles reviennent en France, y fixent leur domicile et prêtent le serment civique. »

Cette résolution fut votée à l'unanimité. Il n'y eut aucune opposition, pas plus du côté droit que du côté gauche. On le comprend sans peine, quand on se souvient que Louis XVI avait rendu en 1787, sur la proposition de l'illustre Malesherbes, un décret qui restituait aux protestants l'état civil et leur permettait d'avoir enfin les droits de la famille, après en avoir longtemps pratiqué les devoirs, alors qu'ils ne pouvaient être devant la loi civile ni époux ni pères.

Ce grand acte de réparation, messieurs, il a intégralement subsisté jusqu'à ce jour. Est-il possible de l'effacer sans phrase, sans explication, en répudiant ce qu'il y a de plus noble, de plus généreux dans l'œuvre de la Révolution française et dans les délibérations de l'Assemblée constituante de 1789 ? (*Très bien ! très bien ! sur un grand nombre de bancs.*)

. . . .
. . . .

A la suite des observations de M. de Pressensé, l'article 7 qui visait l'abolition de la loi du 15 décembre 1790 ne contint plus mention de cette abolition.

Cette discussion prouve que cette loi est toujours en vigueur.

F

Acte de dénaturalisation

Délivré par l'autorité allemande.

Il est fait droit par le présent à la demande formée par
, né le   à   (*Lorraine ou Alsace*),
y demeurant présentement, afin d'être rayé du nombre des sujets d'Alsace-Lorraine, en conformité des paragraphes 14-19 de la loi relative à l'acquisition et à la perte de la nationalité allemande, du 1er juin 1870.

A   le

Le Président,

En note il y a : *Aux termes du § 18 de la loi précitée, le présent acte de dénaturalisation entraîne, à compter du jour de sa délivrance, la perte de la nationalité allemande.*

Ledit acte sera considéré comme nul et sans effet si le titulaire n'a pas, dans les six mois de la date dudit acte, transféré son domicile hors du territoire de la Confédération allemande, ou s'il a obtenu la naturalisation dans un autre pays faisant partie de ladite Confédération.

G

Extrait du « Petit Journal » du 10 mars 1887.

A propos des petits-fils de Belges.

A la suite d'un vote du Sénat belge sur une question qui intéresse vivement les nombreuses familles belges habitant la France, principalement la région du Nord, notre Gouvernement va être saisi d'un projet de *modus vivendi,* qui, sans rendre nécessaire la révision du Code civil en Belgique, et le vote d'une loi française, établirait plus nettement et plus judicieusement la situation des petits-fils de Belges sous le rapport du recrutement.

Cette situation est, en effet, l'objet d'un grand nombre de protestations, formulées chaque année, au moment du recensement des conscrits, depuis qu'un arrêt de la Cour de cassation du 7 décembre 1883 a considéré les individus nés avant 1814 dans les provinces belges alors incorporées à la France, comme étant nés en France, tandis que, avant 1883, ils étaient considérés comme nés en Belgique.

Or, de 1883 à 1885 les petits-fils de Belges domiciliés en France avaient continué, les uns à tirer au sort en Belgique, les autres à attendre l'année suivant leur majorité ou à s'abstenir de toute déclaration.

Ce n'est qu'en 1885 qu'on a commencé à appliquer la modification nécessairement apportée à la loi sur le recrutement par l'arrêt de la Cour suprême. Les jeunes gens, dans les conditions ci-dessus, inscrits d'office en 1885, ont été appelés sous les drapeaux le 1er décembre dernier.

Les soldats belges, sous le coup de la loi française, ont fait défaut. Il y aura lieu de statuer sur leur sort. Mais en supposant, en admettant même qu'ils soient déférés comme réfractaires aux conseils de guerre français, les condamnera-t-on comme insoumis? D'autre part, si l'administration militaire française renonce à cette rigueur, qu'arrivera-t-il aux intéressés s'ils rentraient en France après l'expiration de leur service dans l'armée belge?

On le voit, la question mérite intérêt, et le besoin d'un accord ou d'une convention entre les deux pays se fait d'autant plus sentir que l'arrêt de la Cour de cassation rencontre de sérieuses difficultés d'application.

TABLE ALPHABÉTIQUE DES MATIÈRES

TABLE CHRONOLOGIQUE

DES

LOIS, DÉCRETS, CIRCULAIRES, INSTRUCTIONS

CITÉS OU DONT LE TEXTE FIGURE DANS CET OUVRAGE

1º *Cités.*

2º *Dont le texte est reproduit en tout ou en partie.*

TABLE DES MATIÈRES

Nancy, imprimerie Berger-Levrault et Cie.

TABLEAU DES DIFFÉRENTS CAS D'EXTRANÉITÉ

(Nota. — Les mots **sert** ou **ne sert pas** indiquent que l'individu dont il est question doit être ou ne pas être inscrit sur les listes de tirage au sort.)

N°	Cas		Condition		Disposition	Référence
1°	Naturalisé				(Ne sert pas)	L. 3 déc. 1849 et 29 juin 1867.
2°	Réintégré	a			Homme. Ne sort que s'il en fait la demande formelle.	Art. 18, Code civil.
		b			Femme française, mariée avec étranger et devenue veuve recouvre la qualité de française si elle demeure en France ou y rentre avec autorisation.	Art. 19, Code civil.
3°	Enfant né en France d'un père étranger né à l'étranger.	a			Est Français en faisant à 21 ans accomplis la déclaration indiquée par l'article 9 du Code civil. (Sert.)	Art. 9, Code civil.
		b			Peut devenir Français à n'importe quel âge après sa majorité en faisant la déclaration de l'article 9 s'il sert, a servi, ou a tiré au sort sans exciper de son extranéité.	L. 22 mars 1849.
4°	Enfant né à l'étranger d'un Français qui a perdu sa qualité de Français. (Voir cas n°s 10 et 13.)				Peut devenir Français à n'importe quel âge en faisant la déclaration indiquée par l'article 9 du Code civil. (Sert.)	Art. 10, Code civil.
5°	Enfant d'un étranger naturalisé.	a	Mineur au moment de la naturalisation et quoique né à l'étranger.	a'	Peut, à l'âge de 21 ans accomplis, bénéficier des dispositions de l'article 9 du Code civil. (Sert.)	L. 7 février 1851.
				b'	D'engagement, De volontariat, D'entrée dans les écoles du Gouvernement. Avec consentement de qui de droit. (Sert.) Si les examens sont favorables. [Peut, bien que mineur, renoncer par avance à la qualité d'étranger pour les trois seuls cas :]	L. 14 février 1882.
		b	Majeur au moment de la naturalisation, né en France ou à l'étranger.		Ne peut bénéficier des dispositions de l'article 9 du Code civil que dans l'année qui suit la naturalisation. (Sert.)	L. 7 février 1851.
6°	Enfant d'un Français réintégré.	a	Mineur au moment de la réintégration, quoique né à l'étranger.	a'	Peut, à l'âge de 21 ans accomplis, bénéficier des dispositions de l'article 9 du Code civil. (Sert.)	
				b'	D'engagement, De volontariat, D'entrée dans les écoles du Gouvernement. Avec consentement de qui de droit. (Sert.) Si les examens sont favorables. [Peut, bien que mineur, renoncer par avance à la qualité d'étranger pour les trois seuls cas :]	L. 14 février 1882.
		b	Majeur au moment de la réintégration, né en France ou à l'étranger.		Ne peut bénéficier des dispositions de l'article 9 du Code civil que dans l'année qui suit la réintégration. (Sert.)	
7°	Enfant légitime, né en France d'une femme née Française, mariée à un étranger et réintégrée après veuvage. (Voir cas n° 2.)	a	Agé de 21 ans accomplis.		Voir le cas n° 3 (a et b).	
		b	Mineur.		Peut, bien que mineur, renoncer par avance à la qualité d'étranger par les trois seuls cas : D'engagement, De volontariat, D'entrée dans les écoles du Gouvernement. Avec le consentement de sa mère. (Sert.) Si les examens sont favorables.	L. 28 juin 1883.
8°	Orphelin légitime, né en France du mariage d'une Française avec un étranger.	a	Agé de 21 ans accomplis.		Voir le cas n° 3 (a et b).	
		b	Mineur.		Peut, bien que mineur, renoncer par avance à la qualité d'étranger pour les trois seuls cas : D'engagement, De volontariat, D'entrée dans les écoles du Gouvernement. Avec le consentement de la famille suivant le *statut personnel*. (Sert.) Si les examens sont favorables.	
9°	Petit-fils d'étranger.	a			Français s'il passe sa 22e année sans réclamer la qualité d'étranger. (Sert.)	L. 7 février 1851.
		b			Étranger s'il fait une renonciation à la qualité de Français et s'il produit un certificat en due forme de son ambassadeur constatant qu'il a conservé sa nationalité d'origine. (Ne sert pas.)	
		c			Peut, bien que mineur, renoncer à la qualité d'étranger pour les trois seuls cas : D'engagement, De volontariat, D'entrée dans les écoles du Gouvernement. Avec le consentement de qui de droit. (Sert.) Si les examens sont favorables.	L. 16 décembre 1874.
		d			Voir le cas n° 12.	
10°	Descendant de religionnaire réfugié à l'étranger.				Peut réclamer la qualité de Français, quoique né à l'étranger d'un étranger, s'il prouve qu'il descend de protestants émigrés à l'époque de la révocation de l'Édit de Nantes et s'il déclare fixer son domicile en France. (Ne sert que s'il en fait la demande).	L. 15 décembre 1790. (Art. 22.)
11°	Alsacien-Lorrain.	a	Pas d'option. (Ne sert pas.)			Traité du 10 mai 1871 et convention de Francfort du 11 décembre 1871.
		b	Il y a option, mais les parents habitent le territoire cédé.		Options contestées par l'Allemagne ; peuvent tirer au sort, mais sur leur demande formelle.	Circulaire ministérielle du 7 déc. 1875.
		c	Le père ou tuteur légal n'a pas opté pour lui-même, mais a opté pour son fils ou pupille.			
		d	Réintégré. Voir le cas n° 2.			
		e	Enfant de réintégré. Voir le cas n° 6.			
12°	Anglais né en France				Ne sert pas quel que soit le lieu de la naissance du père quand il produit un certificat spécial du gouvernement anglais.	Circulaire ministérielle du 7 janvier 1876.

N°	Catégorie	Cas	Disposition	Référence
1°	Naturalisé		(Ne sert pas)	L. 3 déc. 1849 et 29 juin 1867.
2°	Réintégré	a	Homme. Ne sert que s'il en fait la demande formelle.	Art. 18, Code civil.
		b	Femme française, mariée avec étranger et devenue veuve recouvre la qualité de française si elle demeure en France ou y rentre avec autorisation.	Art. 19, Code civil.
3°	Enfant né en France d'un père étranger né à l'étranger.	a	Est Français en faisant à 21 ans accomplis la déclaration indiquée par l'article 9 du Code civil. (Sert.)	Art. 9, Code civil.
		b	Peut devenir Français à n'importe quel âge après sa majorité en faisant la déclaration de l'article 9 s'il sert, a servi, ou a tiré au sort sans exciper de son extranéité.	L. 22 mars 1849.
4°	Enfant né à l'étranger d'un Français qui a perdu sa qualité de Français. (Voir cas n°s 10 et 13.)		Peut devenir Français à n'importe quel âge en faisant la déclaration indiquée par l'article 9 du Code civil. (Sert.)	Art. 10, Code civil.
5°	Enfant d'un étranger naturalisé.	a	Mineur au moment de la naturalisation et quoique né à l'étranger. — a' Peut, à l'âge de 21 ans accomplis, bénéficier des dispositions de l'article 9 du Code civil. (Sert.)	L. 7 février 1851.
			b' Peut, bien que mineur, renoncer par avance à la qualité d'étranger pour les trois seuls cas : D'engagement, De volontariat, D'entrée dans les écoles du Gouvernement. (Avec consentement de qui de droit. Si les examens sont favorables.) (Sert.)	L. 11 février 1882.
		b	Majeur au moment de la naturalisation, né en France ou à l'étranger. Ne peut bénéficier des dispositions de l'article 9 du Code civil que dans l'année qui suit la naturalisation. (Sert.)	L. 7 février 1851.
6°	Enfant d'un Français réintégré.	a	Mineur au moment de la réintégration, quoique né à l'étranger. — a' Peut, à l'âge de 21 ans accomplis, bénéficier des dispositions de l'article 9 du Code civil. (Sert.)	
			b' Peut, bien que mineur, renoncer par avance à la qualité d'étranger pour les trois seuls cas : D'engagement, De volontariat, D'entrée dans les écoles du Gouvernement. (Avec consentement de qui de droit. Si les examens sont favorables.) (Sert.)	L. 14 février 1882.
		b	Majeur au moment de la réintégration, né en France ou à l'étranger. Ne peut bénéficier des dispositions de l'article 9 du Code civil que dans l'année qui suit la réintégration. (Sert.)	
7°	Enfant légitime, né en France d'une femme née Française, mariée à un étranger et réintégrée après veuvage. (Voir cas n° 2.)	a	Agé de 21 ans accomplis. Voir le cas n° 3 (a et b).	
		b	Mineur. Peut, bien que mineur, renoncer par avance à la qualité d'étranger par les trois seuls cas : D'engagement, De volontariat, D'entrée dans les écoles du Gouvernement. Avec le consentement de sa mère. (Sert.) Si les examens sont favorables.	L. 28 juin 1853.
8°	Orphelin légitime, né en France du mariage d'une Française avec un étranger.	a	Agé de 21 ans accomplis. Voir le cas n° 3 (a et b).	
		b	Mineur. Peut, bien que mineur, renoncer par avance à la qualité d'étranger pour les trois seuls cas : D'engagement, De volontariat, D'entrée dans les écoles du Gouvernement. Avec le consentement de la famille suivant le *statut personnel*. (Sert.) Si les examens sont favorables.	
9°	Petit-fils d'étranger.	a	Français s'il passe sa 22e année sans réclamer la qualité d'étranger. (Sert.)	L. 7 février 1851.
		b	Étranger s'il fait une renonciation à la qualité de Français et s'il produit un certificat en due forme de son ambassadeur constatant qu'il a conservé sa nationalité d'origine. (Ne sert pas.)	
		c	Peut, bien que mineur, renoncer à la qualité d'étranger pour les trois seuls cas : D'engagement, De volontariat, D'entrée dans les écoles du Gouvernement. Avec le consentement de qui de droit. (Sert.) Si les examens sont favorables.	L. 16 décembre 1874.
		d	Voir le cas n° 12.	
10°	Descendant de religionnaire réfugié à l'étranger.		Peut réclamer la qualité de Français, quoique né à l'étranger d'un étranger, s'il prouve qu'il descend de protestants émigrés à l'époque de la révocation de l'Édit de Nantes et s'il déclare fixer son domicile en France. (Ne sert que s'il en fait la demande).	L. 15 décembre 1790. (Art. 22.)
11°	Alsacien-Lorrain.	a	Pas d'option. (Ne sert pas.)	Traité du 10 mai 1871 et convention de Francfort du 11 décembre 1871.
		b	Il y a option, mais les parents habitent le territoire cédé. [Options contestées par l'Allemagne; peuvent tirer au sort, mais sur leur demande formelle.]	
		c	Le père ou tuteur légal n'a pas opté pour lui-même, mais a opté pour son fils ou pupille. [Options contestées par l'Allemagne; peuvent tirer au sort, mais sur leur demande formelle.]	Circulaire ministérielle du 7 déc. 1875.
		d	Réintégré. Voir le cas n° 2.	
		e	Enfant de réintégré. Voir le cas n° 6.	
12°	Anglais né en France		Ne sert pas quel que soit le lieu de la naissance du père quand il produit un certificat spécial du gouvernement anglais.	Circulaire ministérielle du 7 janvier 1876.
13°	Suisse		L'enfant mineur au moment de la naturalisation suisse d'un père né Français peut choisir dans le cours de sa 22e année entre la nationalité française ou suisse. Sert, s'il opte pour la France.	Décret du 7 juillet 1850.

Vient de paraître

RÉPERTOIRE ALPHABÉTIQUE

DES

MALADIES, INFIRMITÉS

OU

VICES DE CONFORMATION

QUI RENDENT IMPROPRE AU SERVICE MILITAIRE

(INSTRUCTION DU 27 FÉVRIER 1877)

PAR

A. PÉRAQUI

CHEF DE DIVISION A LA PRÉFECTURE DE LA CHARENTE

Un volume in-8°. — Prix : broché, 3 fr.

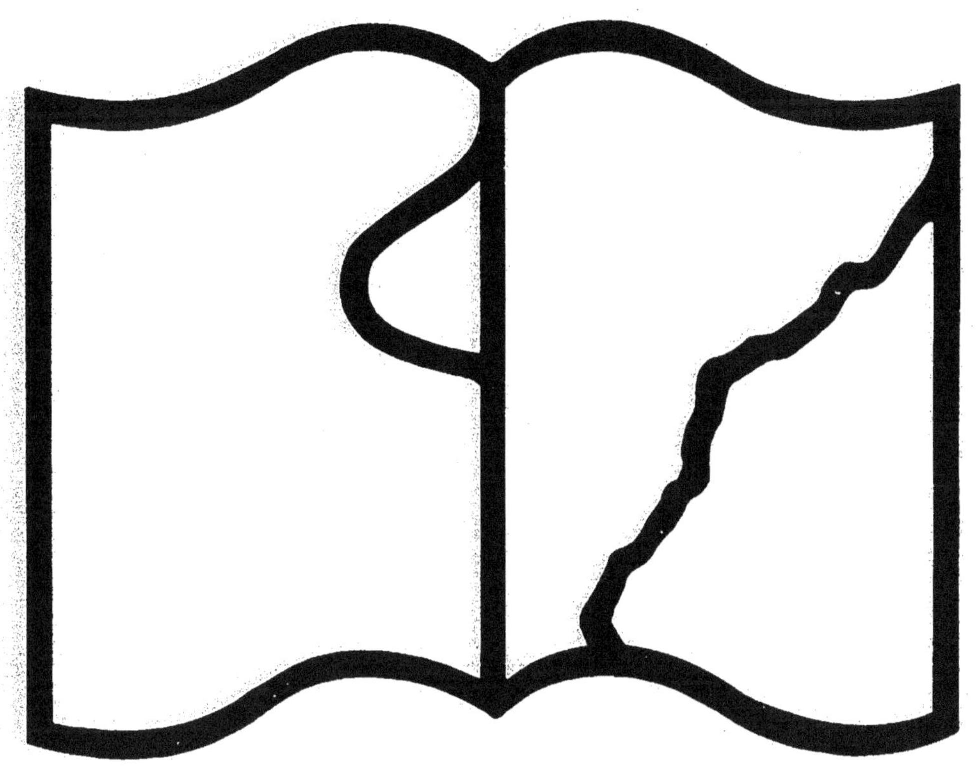

Texte détérioré — reliure défectueuse

NF Z 43-120-11

FAUT-IL ABOLIR

L'ESCLAVAGE?

LA RELIGION CATHOLIQUE

PEUT SEULE PRÉPARER

LES ESCLAVES A LA LIBERTÉ

ET LES

FAIRE JOUIR DE SES BIENFAITS.

Par M. l'abbé J. HARDY,

Directeur du Séminaire du Saint-Esprit.

A MM. les Délégués des Colonies françaises.

PRIX : 1 FR. 25 CENT.
Au Profit d'un Captif.

PARIS.

DENTU, Palais - Royal, Galerie vitrée. | GAUME FRÈRES, rue du Pot de-Fer, 5.

ADRIEN LECLERE, Quai des Augustins, 35.

1837.

LA

RELIGION CATHOLIQUE

PEUT SEULE PRÉPARER

LES ESCLAVES A LA LIBERTÉ

ET LES

FAIRE JOUIR DE SES BIENFAITS.

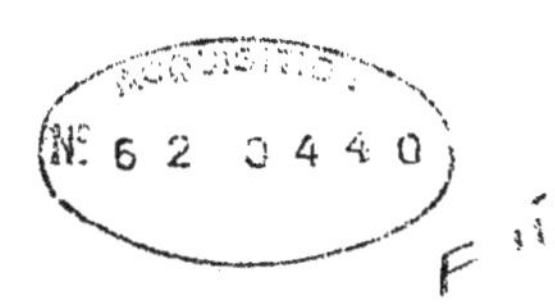

IMPRIMERIE DE E.-J. BAILLY,
PLACE SORBONNE, 2.

FAUT-IL ABOLIR L'ESCLAVAGE.

LA RELIGION CATHOLIQUE

PEUT SEULE PRÉPARER

LES ESCLAVES A LA LIBERTÉ

ET LES

FAIRE JOUIR DE SES BIENFAITS.

Par M. l'abbé J. HARDY,

Directeur du Séminaire du Saint-Esprit.

A MM. les Délégués des Colonies françaises.

PRIX : 1 FR. 25 CENT.

Au Profit d'un Captif.

PARIS.

DENTU, Palais - Royal, Galerie vitrée.   GAUME FRÈRES, rue du Pot-de-Fer, 5.

ADRIEN LECLERE, Quai des Augustins, 35.

1837.

A MM. LES DÉLÉGUÉS

Des Colonies Françaises.

———◆———

Messieurs,

A qui pourrais-je mieux offrir ce faible travail qu'à des hommes qui, amis de leurs concitoyens et dévoués aux intérêts de leur pays, veulent le bonheur des particuliers et de la société, qu'à vous, Messieurs, si dignes du mandat qui vous a été confié, et que vous remplissez avec autant de zèle que de sagesse?

Les habitans des colonies ont les yeux fixés sur vous ; ils admirent vos efforts généreux, qui, nous l'espérons, seront couronnés d'un heureux succès, et ils attendent avec anxiété la solution de cette grande question : *Faut-il abolir l'esclavage?* de laquelle dépend tout leur avenir.

C'est une mission bien digne de vous, Messieurs, de travailler à procurer aux esclaves une liberté vraie, solide et capable de les rendre heureux. Mais on n'atteindra jamais ce but par un affranchissement immédiat et général.

C'est à vous spécialement, Messieurs, qu'il appartient de prononcer sur ce point, puisque à une longue expérience vous joignez une connaissance approfondie des mœurs, du caractère des Nègres et de l'état physique et moral de nos colonies.

Puisse, Messieurs, une loi, amie des esclaves et utile aux colonies, confier à la *Religion catholique le soin de préparer la population noire à la liberté!.... Moyen unique et infaillible de réussir.* Cette loi protectrice et bienfaisante comblerait les espérances des vrais amis de la société.

Puisse aussi, Messieurs, ce faible travail, que je recommande à votre bienveillance, contribuer à réaliser les désirs ardens qui vous animent pour le bonheur de l'esclave et la prospérité des colonies fran-

çaises; et, plus qu'au centuple, je serai de
mes peines récompensé!.....

J'ai l'honneur d'être, avec le respect
le plus profond,

MESSIEURS,

Votre très humble et obéissant serviteur,

J. Hardy,
Directeur du Séminaire du Saint-Esprit.

AVANT-PROPOS.

—

Faut-il abolir l'esclavage ? Voilà la grande
question qui intéresse vivement la religion et
la société, et qui aujourd'hui agite les esprits.

Nous nous empressons de rendre hommage
au dévouement sublime, aux généreux efforts,

aux beaux sentimens d'humanité et de religion qui animent les membres de la Société pour l'abolition de l'esclavage , laquelle, en ce moment , s'occupe des moyens de résoudre ce problème. Tous, nous n'en doutons point, veulent sincèrement le bonheur des noirs et la prospérité de nos colonies ; aussi , leurs noms, plus encore leur prudence et leur sagesse rassurent les amis de la vraie liberté.

De la solution de cette haute question dépendent le bonheur physique et moral des esclaves et le sort de nos colonies qui trouvent dans le travail des Nègres la cause principale de leur prospérité.

En vain cherchera-t-on ailleurs que dans la religion catholique les moyens de rendre la liberté avantageuse pour l'esclave, et utile aux colonies. Il n'y a que la religion , cette pierre première et fondamentale de l'édifice social, qui puisse opérer avec succès l'affranchissement que l'on désire avec ardeur. Sans elle, sur quelle base solide établira-t-on la liberté, et le bonheur d'un peuple d'esclaves ? Sans elle, par quels moyens garantira-t-on la société de la licence, de l'insubordination d'une multitude sans frein, qui violera les lois qu'on lui imposera, parce qu'elle ne trouvera dans ces mêmes lois aucune puissance capable d'enchaîner ses passions ?

La religion, qui anime les actions de l'homme vertueux, qui le console en répandant dans son âme un charme divin ; qui, enfin, le soutient d'une espérance immortelle, rendra le bienfait de la liberté une source de consolation et de bonheur pour l'esclave et un principe durable de prospérité pour nos colonies : mais la religion n'atteindra ce but qu'autant qu'elle-même préparera les noirs à la liberté.

Si nous ne partageons pas le sentiment de ceux qui veulent qu'immédiatement le bill d'affranchissement soit jeté au milieu des masses sans les avoir préparées à ce bienfait, ce n'est pas, assurément, que nous aimions l'esclavage. Sortis immortels des mains du Créateur, nous sommes tous frères, quelle que soit notre couleur. Dieu appelle l'homme des abîmes du néant afin qu'il partage avec ses semblables les avantages précieux de la liberté. Les chaînes sont pour ses crimes!....

Tout autant que le cœur brûlant du plus ardent des philanthropes, nous aimons nos frères d'au delà des mers qui ne jouissent point encore de la liberté; nous désirons adoucir leurs maux, calmer leurs craintes, fixer leurs inquiétudes, procurer enfin à leur état de souffrance le soulagement qu'ils ont le droit d'attendre.

Ayant demeuré au milieu d'eux, nous avons pu observer leurs mœurs, étudier leur caractère, connaître leurs besoins sous le rapport moral, et recueillir les avis de personnes éclairées et d'une expérience consommée.

Nous berçant de l'espérance si douce de

contribuer en quelque chose à leur bonheur , nous adressons aux hommes consciencieux et nous soumettons à la sagesse de MM. les membres de la Société pour l'abolition de l'esclavage quelques réflexions *sur le moyen qui nous semble unique, infaillible, de rendre la liberté un bienfait réel et durable pour l'esclave, et un principe de prospérité pour nos colonies.*

Ah ! quand luira le jour heureux où les esclaves de nos colonies, devenus de vrais chrétiens, de bons citoyens, s'appelleront du doux nom de frères , et que réunis dans les temples du Dieu de nos pères, ils uniront la voix de leur reconnaissance à la douce et touchante harmonie des divins cantiques de l'Eglise catholique !

C'est ce jour que nous appelons de tous nos vœux, qui cependant ne luira jamais si la religion ne les prépare au bienfait de la liberté.

LA RELIGION CATHOLIQUE

PEUT SEULE PRÉPARER

LES ESCLAVES A LA LIBERTÉ

ET

LES FAIRE JOUIR DE SES BIENFAITS.

> La religion catholique est la base de
> la vraie liberté.
> Elle crée et épure les mœurs.

Remontons la chaîne des siècles, et nous verrons dans tous les temps, dans tous les lieux
du monde, des hommes soumis à d'autres
hommes, et les nations obéir aux décrets de
chefs suprêmes. Cette sujétion, loin d'affaiblir
la liberté, la perfectionne et établit cet ordre

admirable, principe de la prospérité des empires. Toutes les fois que les peuples voudront
s'en affranchir, l'édifice social sera ébranlé
jusque dans ses fondemens.

Nous verrons aussi que des vainqueurs, las
de trancher la tête aux vaincus, changèrent la
mort naturelle en une mort civile, ravirent
aux infortunés tombés en leur puissance, avec
la liberté, les droits sacrés de citoyen, et que,
n'estimant en eux que la force physique, ils
les traitaient comme des bêtes de somme, exer-
çant, selon leur bon plaisir, le pouvoir inhu-
main de vie et de mort. La puissance barbare
de verser le sang, de ravir les biens, la vie,
la liberté, s'exerce chez les peuples de la côte
d'Afrique qui n'ont point encore entendu la
parole régénératrice de l'Evangile, cette lumière des nations, cette force des empires, qui
doit affranchir le monde.

Vendus par leurs vainqueurs aux Européens
qui fréquentaient cette côte, les esclaves de

nos colonies sont devenus la propriété des colons. Plus heureux que sous la domination de
leurs premiers maîtres, puisque préservés par
leur travail des angoisses de la faim et des horreurs de la misère, ils peuvent encore nourrir
l'espoir si doux, si consolant de jouir un jour
de la liberté, qui deviendrait pour eux un
bienfait immense, si l'on prenait le soin de les
y préparer. Or, le moyen unique, infaillible
de réussir, c'est la religion catholique. Cette
religion qui, du lieu de la Judée le plus ob-
scur, s'est levée lumineuse, sublime, immortelle; qui, comme un astre vivifiant, a ré-
pandu ses rayons sur les peuples qu'elle ve-
nait éclairer, purifier, sanctifier, a brisé les
chaînes qui attachaient l'esclave au char des
Césars, dissipé de son divin flambeau les ténèbres profondes de l'idolâtrie, et dévoilé les
mystères impurs de la superstition; cette religion enfin qui, depuis dix-huit siècles, assise
couronnée de gloire et d'immortalité sur les
ruines du paganisme et de la philosophie, voit

à ses pieds expirer la rage de l'impiété et s'é-
teindre les fureurs de l'hérésie, *peut seule préparer les esclaves à la liberté et les faire jouir
de ses bienfaits. Pure* dans son dogme, *sainte*
dans sa morale, *infaillible* dans ses promesses,
elle dicte à l'homme ses devoirs, assure son
bonheur présent et futur; elle seule peut dire
avec vérité à chacun de nous : *Je puis te rendre
éternellement heureux......*

Ah! que ses préceptes sont beaux et doux
à remplir! Il n'est rien de juste qu'elle n'en-
seigne. Elle flétrit le vice, préconise la vertu;
tout en elle est saint, aimable, consolant. Elle
veut que les hommes s'aiment tous d'un amour
généreux et constant. C'est elle qui dépose aux
pieds du trône de l'Eternel nos supplications,
nos douleurs!.... Oui, si une telle Religion
n'existait pas, il faudrait l'inventer, puisque
sans elle point de vraie société, point de vraie
félicité.

Il faut, avant tout, que l'esclave comprenne

bien le sens de ce mot; tout à la fois si ma-
gique et si sublime, *liberté!* qu'il connaisse
les obligations qu'elle impose, les sacrifices
qu'elle exige: c'est à la religion à l'en instruire,
à lui inspirer une horreur salutaire pour cette
liberté hideuse qui naît du sang des citoyens,
que proclament les passions, que propage le
poignard; à exciter en lui le désir et l'amour
de cette liberté sublime, telle que Dieu l'a
inspirée à l'homme, de cette liberté puissante,
calme, bienfaisante, appui des trônes, force
des empires, lien sacré de la société, source
féconde de la félicité des peuples; de cette
liberté, enfin, qui seule peut faire de la société une même famille, unir les hommes
comme autant de frères, et, triomphant de la
licence et calmant ces passions ardentes, cause
funeste de nos malheurs, répandre partout la
consolation et le bonheur.

Puisse-t-elle régner chez toutes les nations!
puisse-t-elle rendre indissolubles les liens qui
devraient nous unir!.....

On a vu dans tous les temps, et nous voyons encore de ces hommes, partisans zélés de la liberté, qui, dans un enthousiasme vraiment philosophique, s'écrient : *Brisons les fers de l'esclavage !*..... et qui, mus quelquefois d'un sentiment philanthropique, laissent tomber une larme sur les chaînes du captif ; mais, théoriciens impuissans, ils ne peuvent adoucir les maux, alléger les peines, calmer les craintes, fixer les inquiétudes, ni inspirer cette espérance immortelle sans laquelle la vie n'est qu'une longue et affreuse agonie.

Cependant, il ne suffit pas de mettre l'appareil sur la plaie, il faut la guérir ; d'essuyer les larmes de l'affligé, il faut en tarir la source ; de répéter à l'esclave : *Sois libre !...* encore faut-il lui donner les moyens de jouir avec avantage et avec bonheur de cette liberté qu'on exalte à ses yeux. Et ces moyens, qui les lui donnera ? La raison ? Mais, n'étant point éclairée, affaiblie d'ailleurs par la force de l'habitude vicieuse et obscurcie par les passions, la raison de l'es-

clave ne dit rien à son esprit ni à son cœur. La
philosophie? Mais, quelque lumineux que soit
son flambeau, quelque puissante que soit
sa vertu, elle est incapable d'éclairer l'esprit,
de vivifier le cœur de l'homme. Non, ce n'est
point la philosophie, mais la religion qui, d'une
lumière vive et divine, peut éclairer l'esclave,
le soutenir d'une espérance qui ne meurt
point, lui procurer ces consolations si pures,
ce contentement réel, qui font goûter à
l'homme vertueux le bonheur dans le malheur
même. Non, ce n'est pas la philosophie, mais
la religion qui l'aidera à porter cette longue et
lourde chaîne de peines, de souffrances, qui
pèse sur les hommes depuis le berceau jusqu'au cercueil. Laissons à la religion le soin
d'éclairer la raison, de changer, de purifier le
cœur de l'esclave; de l'instruire de ses devoirs
envers Dieu, envers ses semblables et envers
lui-même; de lui inspirer ces sentimens sublimes qui lui feront aimer, désirer la vraie
liberté.

Que la philosophie ne dise donc point que le christianisme est *usé*, et qu'elle seule peut régénérer les nations ! Philosophes, voyez-vous ce faible enfant qui, de son souffle, veut obscurcir les feux étincelans du soleil ; ce vieillard mourant qui, par de vains efforts, veut ébranler cet énorme rocher ? Eh bien ! ce faible enfant aura, de son souffle impuissant, éteint l'astre du jour, et ce vieillard moribond roulé sur tout le globe son énorme rocher avant que réunis vous ayez pu arracher une première pierre de l'édifice immortel de la religion que Dieu lui-même est venu fonder sur la terre, et que vous ayez, avec votre morale magnifique et vos flots de lumière, procuré aux esclaves de nos colonies la vérité, la consolation et le bonheur.

L'esclave, dont les affections se bornent aux objets sensibles, ne sent point qu'un esprit puissant vivifie son être tout entier. Le désir ardent et toujours renaissant de la félicité, qui

influe si efficacement sur toute notre vie, n'a-
nime point son cœur; au spectacle si beau, si
ravissant de la nature, son âme ne peut s'élever jusqu'à son auteur; il ne lit point écrits au
firmament en caractères ineffaçables : *Puissance, Sagesse, Bonté infinie du Créateur*. En
un mot, il ignore qu'un double lien l'unit à
son Dieu; celui de la reconnaissance et celui de
la nécessité.

Mais aussi sublime que Dieu son auteur, qui
ne l'a donnée au monde qu'afin qu'elle procu-
rât à chacun de nous et à la masse universelle
des hommes, le bonheur de la vie présente et
future, la religion catholique montrerait à l'esclave Dieu comme son créateur, l'auteur et
l'arbitre de ses destinées, lui persuaderait que
ses pensées ne doivent point se borner aux besoins de la vie; que né pour vivre au delà du
sépulcre, tout ne doit pas finir pour lui avec sa
dernière heure; qu'à la vérité il descendra dans
la tombe, retournera en poussière; mais que

cette poussière qui aura été insensible pendant des siècles se ranimera au jour suprême et que plein de vie et d'immortalité il se lèvera du tombeau.

Cette religion auguste lui découvrirait aussi cette chaîne merveilleuse de bienfaits qui l'unit à son créateur, dont le premier anneau tient à l'éternité; car de toute éternité, Dieu a aimé l'homme; elle lui ouvrirait les cieux, récompense future et infinie de ses vertus, et le conduirait sur les bords des abîmes éternels pour lui faire entrevoir les châtimens affreux réservés à ses crimes.

Qu'elles seraient grandes et consolantes les pensées de l'esclave qu'aurait instruit la religion catholique! Sa raison éclairée du flambleau lumineux et divin de la foi, il concevrait la grandeur de l'homme, la noblesse de son origine, la sublimité de sa destinée, qui est Dieu; il saurait que ce n'est pas en vain qu'il a reçu de son créateur un esprit capable de le

connaître, de réfléchir sur ses infinies perfec-
tions ; un cœur pour l'aimer et dont les désirs
immenses ne peuvent être remplis que par la
possession du souverain bien ; il serait persuadé
que réellement il est né pour vivre en société
avec ses semblables et partager avec eux les
grands avantages que procure la vraie liberté.

L'idée approfondie d'un être unique, éternel, tout-puissant, infiniment juste, qui par
la vertu de sa parole a fait jaillir du néant ce
vaste et magnifique univers, étendu et orné les
cieux, fondé et enrichi la terre ; qui frappe de
mort et ressuscite quand il lui plaît ; qui punit
non seulement le crime, mais encore la pensée
volontaire du crime, serait pour ses passions un
frein bien puissant.

D'un autre côté, la connaissance d'un *Dieu*,
*appui de l'orphelin, soutien de la veuve, qui aime
l'étranger et lui donne la nourriture et le véte-
ment, qui ne confond pas le juste avec l'impie,*

qui ne traite pas l'homme de bien comme le coupable; d'un Dieu plein d'indulgence et de bonté, riche en patience et en miséricorde, bon, doux envers toutes ses créatures, et dont la bonté surpasse encore la magnificence de ses ouvrages; d'un Dieu, enfin, qui a pitié de ceux qui le craignent, comme un père a pitié de ses enfans; la connaissance, dis-je, de ces vérités contenues dans nos livres sacrés et que la religion aime tant à rappeler aux hommes affligés ou coupables, ranimerait son espérance, fortifierait son courage. Ah ! avec quels sentimens de consolation et de bonheur il lèverait au ciel ses yeux et son cœur ! Au fort de son affliction, « je souffre, pourrait-il « se dire à lui-même, la douleur me presse, « mes maux augmentent avec mes jours ; mais « quelque grands qu'ils soient, je sais qu'il est « au plus haut des cieux un Dieu qui les voit, « qui en connaît le nombre ; ah ! je suis con- « solé ! Ce Dieu est mon père, il m'aime essen- « tiellement comme son enfant ; plein de bonté

« et de tendresse, il écoutera favorablement ma
« faible prière ; toujours sa providence atten-
« tive veillera sur ma vie. Infiniment juste, il
« ne permettra pas que mon affliction surpasse
« mes forces; infiniment puissant, il peut, quand
« il voudra me délivrer de mes maux , faire
« cesser mes douleurs.» Animé, soutenu de ces
sentimens si sublimes , quelle consolation ,
quelle force l'esclave ne trouverait-il pas au milieu de ses peines ! Non, l'affreux désespoir n'a-
giterait point son cœur. Dans l'indigence, avec
quelle confiance il invoquerait un Dieu père !
coupable, il réclamerait, et jamais en vain,
toute la clémence d'un Dieu rédempteur (1).

(1) « Si la Religion est essentielle au maintien de l'économie
« sociale , disait *Lucien Bonaparte*, au nom du Tribunat, elle
« n'est pas moins nécessaire au bonheur des individus. Elle en-
« tretient dans les familles l'harmonie qu'elle établit dans les
« états. C'est elle qui épure nos affections , en leur donnant un
« motif éternel, qui nous conduit, comme par la main, dans les
« scènes variées de la vie , qui nous forme aux vertus indivi-
« duelles et sociales , nous reçoit dès le berceau et nous console
« au lit de la mort!

L'immortalité, ce motif si puissant qui mul-
tiplie les prodiges de vertu et de courage, en-
fante les héros, fait voler à la victoire nos soldats intrépides, n'est point connu des esclaves.
Pleins d'admiration, nous exaltons le courage
de ce fier guerrier qui, avec joie, monte à l'as-
saut, au milieu de ses frères d'armes tombant
à ses côtés percés de mille coups ; triomphant,
il expire sur la brèche, offrant son sang à la
patrie, à l'ombre du drapeau qu'il vient d'y
arborer : ce guerrier aspirait à une grande re-

« Il est des crimes qui échappent à toutes les lois ; la Religion
« seule peut les atteindre.

« L'injustice appesantit-elle sur nous son bras de fer ? la Re-
« ligion est notre appui ; elle remet l'équilibre entre le faible et
« le puissant, elle peut même élever l'opprimé au dessus de
« l'oppresseur. Elle donne à celui-ci des remords secrets qui
« surpassent les châtimens de la justice humaine ; elle soulage
« la victime par une espérance sainte, infinie, indépendante de
« tout ce qui l'environne. Le sage, ranimé par cette espérance
« inappréciable, refuse de rompre ses fers, et l'œil fixé sur le
« breuvage de mort, il dit à ses amis en pleurs : *Consolez-vous,*
« *il existe là haut un Dieu qui punit et qui récompense !* »

nommée, à une sorte d'immortalité ; mais que
la religion instruise les esclaves de ce dogme
précieux de l'immortalité que l'homme vertueux préfère à sa propre vie ; qu'elle leur fasse
comprendre que celle que procure la vertu ne
consiste point dans une couronne qui se flétrit,
ni dans une gloire passagère qui finit au tré-
pas, mais à régner éternellement dans les cieux,
et bientôt ils sortiront de cet état d'indifférence,
de cet assoupissement qui paralysent leurs fa-
cultés ; bientôt ils aspireront aux actions grandes et glorieuses.

Evidemment, *le moyen le plus facile, unique, infaillible de diriger l'esclave vers le bien
et de la préparer à la liberté, c'est la religion
catholique.*

Loin de notre patrie, loin des esclaves, ces
hommes qui donnent à leurs semblables pour
*unique origine, le néant, et pour fin dernière,
la cendre du tombeau !...* dogme affreux qui sape
également l'autel de la religion et le trône des

rois ; plus funeste aux nations que le plus terrible des fléaux, en détruisant l'idée de l'immortalité, il veut que la vertu persécutée gé-
misse dans les fers, sans espérance ; et que le
crime triomphe sans crainte ; dès lors, plus de
sentiment d'honneur, les passions sont autori-
sées, les crimes préconisés. Aussi, ne soyons
pas surpris s'il se trouve des hommes qui, animés d'une fureur indicible, osent lever une
main sacrilége contre la personne sacrée des
rois, et qui, dans l'excès d'une monstrueuse
impiété, profanent, jusque dans le sanctuaire,
ce que la religion a de plus auguste, de plus
saint, de plus redoutable. Nous gémissons en
voyant le nombre toujours croissant de ces infortunés qui, au milieu de nous et chez les peuples nos voisins, attentent à leur vie et cher-
chent dans le plus terrible désespoir la fin d'une
affliction passagère. Nous reculons d'horreur à
la vue de ce concitoyen qui, de sang-froid,
aiguise le fer qui doit lui percer le sein, de ce
fils dénaturé qui, souriant, offre à son père la

coupe empoisonnée ; de ces Lacenaires qui trouvent un plaisir barbare à voir couler le sang et palpiter le cœur de leurs victimes. Les principés désespérans du matérialisme, voilà la source impure et trop féconde des crimes dont la pensée seule nous épouvante.

Oui, et c'est notre conviction, si ces principes qui tentent à détruire la croix et le diadême, qui ôtent toute crainte et tout espoir de l'avenir et que l'on proclame au milieu de la multitude, viennent à dominer parmi les peuples, plus d'une couronne sera flétrie, plus d'un sceptre brisé, plus d'un trône renversé. Fasse le ciel que nos craintes ne se réalisent jamais ! Mais veut-on savoir si elles sont fondées, il suffit d'étudier le cœur de l'homme et de connaître ce que peuvent ses passions lorsqu'elles ne sont point calmées par l'influence si douce et si puissante de la religion (1).

(1) « La force toute-puissante de la religion, disait le tribun
« *Lucien Bonaparte*, est prouvée par l'expérience de tous les

Il importe surtout au gouvernement de veiller à ce que ces principes, si funestes aux particuliers et à la société, ne prévalent point parmi les esclaves de nos colonies; car s'ils avaient une fois cette affreuse conviction que *le néant a été leur unique origine, que le néant doit être leur unique espérance;* plus de sécurité dans ces vastes et riches contrées, plus d'espoir de les soumettre à l'empire des lois; car, qu'on le sache bien, sans religion, point de patrie, point de société pour des hommes qui en recevant la liberté recevraient la puissance d'user de leur force.

« siècles et sentie par le cœur de tous les hommes. Loin de nous
« ces doctrines désolantes, qui livrent la société au hasard, et le
« cœur humain à ses passions. Malheur à cette fausse métaphysi-
« que, à cette métaphysique meurtrière, qui flétrit tout ce qu'elle
« touche! Elle se vante de tout analyser en morale; elle ne fait
« que tout dissoudre, elle parvient à dénaturer le sentiment même
« de l'homme.... Misérables sophistes! c'est en vain que vous
« accumulez les argumens : l'influence mystérieuse de la religion
« est incompréhensible pour des cœurs desséchés : sa puissance
« morale, comme celle du génie, se sent, se conçoit, et l'on
« n'argumente pas sur son existence. »

Non, cette masse de chair qu'on appelle corps n'est pas tout le bien de l'homme, ce n'est pas l'homme tout entier. L'âme, ce souffle, cette image de la divinité, l'anime, le vivifie. Ceux même qui dans leur délire adorent la matière, après avoir subi l'humiliation de la mort, éprouvé la corruption du tombeau, en sortiront gémissans sous le poids accablant de leurs crimes et pleins d'immortalité.

Le culte de Dieu, de tous les devoirs de l'homme, le premier et le plus sacré, ce ressort qui agit avec tant de puissance parmi les nations, ce lien merveilleux qui unit le cœur de l'homme au cœur de son créateur, n'est point compris des esclaves. Sortis de peuples livrés à l'idolâtrie et aux horreurs de la superstition, ils en ont conservé les pratiques bizarres et humiliantes ; ils font consister, pour la plupart, le culte qu'ils rendent à Dieu dans des pratiques extérieures et nullement dans la sainteté des mœurs, la pureté du cœur et

l'observation des maximes sublimes du christianisme, sur lesquelles l'homme doit régler
sa vie et sa conduite.

Cependant ce culte saint et divin est la
base de l'affranchissement et de la civilisation
des nations. *Là où il ne règne point, se trouvent la misère, le crime, la barbarie. Des pages
de l'histoire, teintes du sang français, nous
le rappellent!!!....* Tous les législateurs, amis de
leurs concitoyens et dévoués aux intérêts de
leur patrie, ont posé sur cette base inébran-
lable les lois qu'ils ont faites pour le bonheur
de leur pays, parce que tous ont regardé le
culte de la divinité comme l'âme de la vie civile et comme le principe unique de la félicité
des particuliers et de la société.

O vous qui avez mission pour prononcer sur
le sort des esclaves, voulez-vous sincèrement
leur bonheur et la prospérité de nos colonies?
Confiez à la religion catholique le soin de leur

apprendre, avant tout, à connaître leur Créateur, à lui rendre les hommages, les adorations, le culte qu'il exige de l'homme, surtout à l'aimer; car s'ils n'étaient suffisamment instruits du culte qu'ils doivent à Dieu, ils se créeraient, une fois libres, une divinité selon leurs caprices, et qui les favoriserait dans leurs désordres; ou, ce qui est plus probable, ils tomberaient dans l'athéisme. Alors, quel langage tiendriez-vous à ce peuple, né dans l'esclavage, livré au crime, indomptable depuis qu'il est libre, surtout sans culte et sans croyance religieuse? «Avec l'athéisme,» disait, après la tourmente révolutionnaire, le tribun *Carion-Nisas*, «les lois n'ont plus de sanc-
« tion, les mœurs plus de sainteté, la *pro-*
« *priété* plus de *garantie*, il n'y a plus d'a-
« mour que le vil, abject et aveugle amour de
« soi, plus d'enthousiasme pour la gloire,
« plus de nœuds pour les époux, plus de révé-
« rence pour les Pères, plus d'autorité pour
« les magistrats; rien, hors la crainte et la

« contrainte, ne peut empêcher *l'indigence de*
« *tout ravir.* »

Le culte de Dieu serait pour l'esclave un
frein bien puissant qui l'arrêterait dans ses
désordres, et une consolation indicible qui
le soutiendrait, le fortifierait au milieu de ses
afflictions.

Que ceux qui veulent qu'une liberté générale et immédiate soit proclamée jettent les yeux
sur le tableau hideux des mœurs des esclaves, et
ils comprendront, sans doute, qu'en leur accor-
dant, dans l'état moral où ils se trouvent actuellement, la liberté de s'instruire à leur gré,
d'éclairer, de diriger leur conscience selon
leurs caprices, ce serait vouloir leur perte et
la ruine de nos colonies... Quelle licence !
quelle corruption ! surtout quelle sécurité,
quel calme dans le crime !... Que ne font-ils
point pour contenter leurs passions ? « Au lieu
« d'abandonner au sommeil ses membres fati-

« gués, dit M. de Lacharière (1), il erre dans
« les ténèbres comme les hyènes de son pays,
« il accourt au bruit d'un tambour lointain
« qui l'invite à la danse, ou bien il va visiter
« une de ses femmes ; il fait ainsi plusieurs
« lieues ; les mornes, les rivières, les préci-
« pices , rien ne l'arrête. A peine s'est-il
« couché une heure ou deux qu'il est obligé
« de se remettre en route pour retourner

(1) *De l'affranchissement des esclaves dans les colonies françaises.* Cet ouvrage de M. André de Lacharière, propriétaire,
président de la cour royale et membre du conseil colonial de la
Guadeloupe , si remarquable par les détails qu'il donne sur l'état
physique et moral des esclaves de nos colonies, par la force du
raisonnement , démontre qu'une liberté générale et immédiate ,
en abolissant l'esclavage abolirait aussitôt le travail, détruirait
conséquemment l'agriculture , le commerce ; qu'elle livrerait les
nègres à l'oisiveté , à la misère , à la barbarie , et qu'elle causerait la ruine entière des colonies. La grande expérience de ce
vénérable magistrat qu'entoure l'estime générale , l'étude approfondie qu'il a faite des mœurs et du caractère des noirs , son
amour ardent pour la justice et le désir sincère qui l'anime, de
contribuer au bonheur des esclaves, doivent rassurer et con-
vaincre les philanthropes trop zélés.

« chez son maître. C'est le corps fatigué des
« excès de la nuit qu'il commence les travaux
« de la journée. »

Plus d'une fois, nous avons été nous-même té-
moin de l'indifférence des nègres pour la vertu
et de leur amour pour le libertinage. Conjurant
plusieurs d'entre eux de quitter le vice, de
pratiquer la vertu, ils me répondirent froi-
dement : *Pas temps encore...* Ce n'est pas l'esclave qui abandonne le crime, c'est pour ainsi
dire le crime qui l'abandonne ; aussi ordinaire-
ment, ce n'est que sur le déclin de la vie qu'ils
pensent sérieusement à Dieu et à la vertu,
souvent même ce n'est que la vue du tombeau
qui leur rappelle qu'ils sont hommes. Pourquoi
s'étonner s'il en est ainsi ? la religion leur manque, conséquemment, pour eux point de frein
qui les arrête, point de motif efficace qui les
porte au bien ; pour eux, la vertu, si conso-
lante pour le reste des hommes, n'est qu'un
vain nom.

Ignorant ce que le mariage a de saint et
d'inviolable, ils abandonnent souvent leurs
propres femmes pour se livrer à leur incon-
tinence avec des esclaves qui, quelquefois,
appartiennent aux habitations voisines. « Ils
« sont livrés à la polygamie, dit encore M. de
« Lacharière ; les unions se forment et se dis-
« solvent sans cesse, elles durent rarement
« plus d'une année, souvent moins. » Cause
funeste des discordes, des désordres qui af-
fligent les familles ; de cette défiance qui remplit leur vie d'amertume. Il n'est pas rare de voir
l'homme et la femme vivre sous le même toit
sans cependant que rien de ce qu'ils possèdent
soit en commun ; souvent même ils ne se
rendent point réciproquement les égards,
les soins qu'exige leur union. Cette manière de
vivre est l'effet de la crainte qu'inspire le concubinage. Toujours ils sont prêts à se séparer
à la première infidélité.

Le libertinage, qui abat les forces de l'âme
détruisant celles du corps, qui porte la déso-

lation et la ruine dans les familles et dans les états, et rend l'homme capable des plus grands crimes, n'est point en horreur parmi les esclaves; que la raison et la philosophie sont impuissantes pour exciter en eux une horreur salutaire d'un crime qui, dans leur patrie, n'est puni par aucune loi, mais autorisé par l'exemple de tous,!

Le libertinage, dis-je, est cette plaie profonde qui, avec une effrayante rapidité, détruit jusqu'au principe de vie du corps social qu'il importe surtout au gouvernement de guérir; c'est un fléau que le pouvoir doit s'efforcer d'éloigner, non par une liberté générale et immédiate, mais en laissant à la religion le soin et le temps d'éclairer les esprits, de captiver les passions dominantes du cœur, en un mot, de préparer à la liberté ceux qui en ce moment ne trouveraient en elle qu'un plein pouvoir de vivre selon leurs caprices et de réaliser leurs désirs coupables.

Qu'on ne vienne point exalter ici la puissance des lois ; elles peuvent, nous le savons, régler certaines actions, mais jamais le cœur.

Non, quelque grande que soit la puissance des lois, quelque formidable que soit la force physique qui les protège, jamais elles ne procureront au peuple la tranquillité, l'abondance, le bonheur, si elles ne sont soutenues de la religion. Que c'est une erreur grave et funeste, en politique, de croire que le sabre, la baïonnette, le canon même peuvent changer les désirs criminels, vaincre les passions de l'homme et le rendre sociable ; c'est connaître bien peu l'homme lui-même. La religion, voilà le flambeau divin et unique qui puisse éclairer son esprit, échauffer, embraser son cœur et le diriger dans tous les actes de sa vie. « La salu-
« taire influence de la Religion chrétienne,
« disait le conseiller d'Etat M. Portalis, sur
« les mœurs de l'Europe et de toutes les con-
« trées où elle a pénétré, a été remarquée par

« tous les écrivains. *Si la boussole ouvrit l'u-*
« *nivers, c'est le christianisme qui l'a rendu*
« *sociable.....* »

Qu'on ne croie pas non plus que la rigueur
des châtimens soit capable de remplacer la religion. La rigueur des châtimens effraye l'homme,
l'altère, mais elle ne détruit point l'empire des
passions sur son cœur. Mahomet, l'audacieux
Mahomet, avec le sabre, a décimé des peuples,
mais il ne les a pas civilisés. Non, ce n'est
point le glaive qui civilise les nations, mais la
croix.

Eh bien! qu'on proclame immédiatement et
généralement l'affranchissement dans nos colonies ; *que les chaînes de l'esclavage soient bri-*
sées !.... que la bannière de la liberté flotte au
milieu des masses !.... Assurément, ce jour sera
pour l'esclave un jour de joie et pour ceux qui
l'auraient appelé de tous leurs vœux un jour de
triomphe, de gloire. Pleins de reconnaissance,

ivres d'espérance, les nègres salueront avec transport le soleil de leur liberté et célébreront avec allégresse l'époque de leur délivrance; mais bientôt l'illusion aura cessé, les besoins se feront sentir, l'esclave saura qu'il n'a plus le droit de demander à son maître la nourriture et le vêtement. Alors que désireront, que feront des hommes persuadés qu'ils ont la liberté de travailler ou de ne point travailler, de suivre leurs penchans, de se conduire selon leurs caprices, de commettre le crime?...Pense-t-on qu'une multitude sans principes, sans frein, dominée par les passions les plus impérieuses, pressée par la faim, en proie aux horreurs de la misère, demeurera calme, tranquille dans une extrême indigence, qu'elle jouira de sa liberté sans insolence, qu'elle supportera avec courage son affliction, qu'elle s'occupera enfin des moyens de subvenir à ses besoins?...Non, non, mais animée d'un désir criminel elle fera la comparaison de son indigence avec l'abondance des colons, de son état avec celui de ses

anciens maîtres ; elle s'imaginera que la liberté
dont on l'aura gratifiée lui donne le pouvoir
de partager avec eux les biens qu'ils possèdent,
qui sait ? peut-être, même de se mettre à leur
place.... Alors que de désordres, que de crimes ! La ruine entière des colonies sera im-
minente. Aussitôt, on réclamera la force armée, un grand appareil de puissance sera dé-
ployé, le canon répandra au loin la terreur ;
en un mot, on mettra tout en œuvre pour inspirer de la crainte et rappeler à l'ordre un
peuple libre depuis hier. Mais qui ne prévoit
que ce peuple, fort du sentiment de sa liberté, qu'il regarde comme l'affranchissement
de toute espèce de servitude et comme le pouvoir de réaliser ses désirs ; irrité, d'ailleurs,
par les moyens qui devraient le faire rentrer
dans le devoir ; qui ne prévoit, dis-je, qu'il
bravera avec fureur et le canon des forts et les
baïonnettes de la Ligne, et que tombant sous
la mitraille, il dira, fier encore : *C'est vous
qui nous avez déclarés libres hier. Pourquoi*

nous tuez-vous aujourd'hui ?.... Alors, mais
bien trop tard, le Pouvoir reconnaîtrait la
faute grave et irréparable qu'il aurait commise
en affranchissant un peuple d'esclaves, sans
lui avoir fait comprendre les obligations qu'impose la vraie liberté et les sacrifices qu'elle
exige, sans lui avoir appris les devoirs de
l'homme vertueux et ceux du bon citoyen ; en
un mot, sans avoir donné à la Religion le soin
et le temps de le préparer à la liberté.

Assurément, ce n'est point à coups de canon
qu'on inspire des sentimens d'humanité, de
soumission à une multitude immense qu'on a
livrée, par une liberté intempestive, aux horreurs de la misère, à la barbarie.

On invoquera sans doute aussi la puissance de
la religion ; des ministres de Jésus-Christ, animés d'un zèle ardent et éclairé, s'efforceront
de rappeler à l'obéissance, à l'ordre, de rallier
aux pieds des autels ces hommes plus dignes de

l'esclavage que de la liberté ; mais que feront leurs efforts généreux et constans sur des cœurs endurcis dans le crime qu'ils regardent comme une chose qui leur est naturelle ? Comment ramener des hommes qui, ne craignant rien tant que d'être privés d'une liberté qu'ils ne comprennent point et dont ils ignorent les devoirs, s'éloigneraient d'une religion qui leur prêcherait les vertus sociales, parce qu'ils verraient dans ces vertus des chaînes nouvelles, un autre esclavage.

Evidemment une liberté immédiate et générale livrerait la population noire à l'oisiveté, à l'indigence, au crime, et causerait la ruine totale des colonies françaises. Qui ne comprend donc la nécessité de préparer les nègres à l'affranchissement ?

Que la religion catholique leur fasse entendre sa voix pure et divine, et insensiblement disparaîtront ces principes de superstition qui semblent innés en eux ; ils comprendront la grandeur de la loi de l'Évangile , l'obligation d'en remplir tous les points ; ils sauront que se prosterner au pied des autels avec un cœur impur, ce n'est point honorer Dieu ; ils ne se contenteront plus de rendre à leur créateur un culte purement extérieur ; ils y joindront le culte intérieur , celui du cœur, qui élève l'homme jusqu'au trône de la divinité et sans lequel on ne peut lui plaire.

Ah ! qu'ils seront heureux ! ils connaîtront, ils adoreront, ils aimeront l'Homme-Dieu, Jésus-Christ, qui de son sang a racheté le monde !... En Jésus-Christ, disait Pascal , est tout notre bonheur, notre vertu, notre vie, notre lumière, notre espérance, et hors de lui, il n'y a que vice, misère, ténèbres, désespoir.....

Ils verront dans la personne de leurs maîtres les représentans de Dieu. Le respect et la soumission de l'esclave envers son maître et la bienveillance du maître envers l'esclave, font cette union, cette sécurité si nécessaires aux colonies qu'on détruirait cependant par une liberté prématurée. Sous l'influence de la religion, quels efforts ne feront-ils point pour réprimer leurs penchans, triompher de leurs passions ! Animés du plus sublime des motifs qu'elle inspire, celui d'agir pour plaire à la divinité, avec quelle joie, avec quelle constance ils se livreraient au travail ! Le mobile de leurs actions ne serait plus la crainte du châtiment. Qu'il est important que ce motif soit bien compris de l'esclave ! Motif, si digne de l'homme, qui, dans tous les temps, a opéré les plus grands prodiges; la philosophie, nous le savons, le dédaigne ; mais l'histoire et ces monumens illustres qui sont encore debout au milieu des nations en attestent la toute-puissance. Les ossemens de tant de milliers de martyrs qui tous, avec joie, ont versé leur sang uniquement pour plaire à leur Dieu, et les cendres de tant de rois et de princes qui lui ont offert leurs combats et leurs victoires nous révèlent que cet admirable motif est le principe de tout triomphe et de toute gloire véritable.

Puisse la religion catholique préparer les esclaves à la liberté! Persuadés que toute la perfection de l'homme consiste à faire la volonté de Dieu; que le christianisme n'est point une simple spéculation, mais l'accomplissement des devoirs que Dieu nous prescrit par sa loi, loi toute d'amour, toute de consolation; qu'il ne suffit pas pour être chrétien de nourrir en soi de bons désirs, qu'il est encore nécessaire de vivre et d'agir selon que Dieu le veut; convaincus que toujours il faut avoir horreur du vice, toujours aimer et pratiquer la vertu, moyen unique et infaillible de plaire à son créateur et d'obtenir le ciel qu'il promet pour récompense à l'homme vertueux, les esclaves mettront en pratique ces vérités fondamentales, et les habitans des colonies trouveront en eux des serviteurs zélés, dévoués, ennemis de l'oisiveté, pour qui l'obéissance sera un devoir, le travail une douce nécessité ; qui, voyant dans le mariage un lien sacré et indissoluble, fuiront le concubinage et auront une horreur salutaire du libertinage.

Libres, « rien de si indépendant, de si libre « qu'un chrétien, disait l'illustre auteur du *Génie du Christianisme*. Jamais les hommes ne « sont si égaux que devant la religion.» Libres, les Nègres, soumis aux lois du pays, travailleront en paix à leur subsistance et à celle de leurs familles. Le sol des colonies cultivé avec plus de soin deviendra plus fertile, le commerce reprendra une activité toute nouvelle.

Citoyens zélés, le vrai citoyen est celui que la religion a instruit, ils aimeront leurs semblables, s'efforceront de contribuer au bonheur de la société. Non, jamais le vrai catholique n'a conspiré la ruine de ses frères, jamais il

n'a aiguisé le poignard contre son souverain ;
si, livrés à un fanatisme monstrueux, des hommes, pour mieux percer le cœur des rois, se
sont couverts du manteau de la religion, aussitôt cette même religion a voué à un éternel
anathème et leurs actions et leurs sentimens.
Sujets fidèles, ils défendront vaillamment la
patrie et lui offriront leur sang et leur vie

Vous tous qui travaillez à résoudre cet important problème : *Faut-il abolir l'esclavage?*
vous le savez, par une douce et heureuse expérience, sans doute, que le devoir et la gloire
de la vraie philanthropie et de l'homme sincèrement religieux, c'est de consoler ses sembla-
ble, d'alléger leurs maux, de secourir leur
indigence, de partager leur douleur, d'étein-
dre dans leurs cœurs jusqu'au moindre sentiment de désespoir, de fortifier leur confiance,
de leur procurer les moyens de jouir un jour
de la vie d'au delà du sépulcre et de ne point
les laisser descendre dans la tombe, privés de

cet espoir céleste, tout divin, qui fait qu'on bé-
nit la mort...... Aussi, ah! que nous aimons à
nous bercer de cette douce espérance! par
votre dévouement et vos généreux efforts vous
contribuerez puissamment au bonheur des
esclaves et à la prospérité de nos colonies.

Philanthropes, vrais amis de Dieu et des
hommes, placés comme des voyageurs sur cette
terre d'exil, car le ciel est notre véritable et
unique patrie, nous nous hâtons d'arriver au
tombeau; la mort nous y précipite. Hâtons-
nous donc aussi de secourir efficacement les
esclaves, nos frères. Ce sont les vertus et les
bienfaits qui nous immortalisent. Les esclaves
veulent-ils la liberté? donnons-leur l'*Evangile.*
« Le génie évangélique, dit *M. de Château-*
« *briand,* est éminemment favorable à la liber-
« té. La religion chrétienne établit le dogme
« de l'égalité morale, la seule qu'on puisse
« prêcher sans bouleverser le monde. » Sont-
ils avides de consolations? veulent-ils être heu-

reux? laissons à la religion le soin de les consoler, et bientôt ils baiseront amoureusement
leurs chaînes et béniront le Très-Haut qui
remplit d'allégresse le cœur de l'homme vertueux; ils seront réellement heureux. «La reli-
« gion, dit *Lemaître de Claville*, n'exige rien
« de l'homme qui ne convienne à son vrai
« bonheur, pour le temps, à sa probité, à sa
« santé, à son repos, à son amour-propre, si
« l'on savait se bien aimer soi-même. »

« Je suis infirme, disait le *cardinal Cam-
« bacérès*. Qui me soutiendra dans mes maux,
« si ce n'est la religion? J'ai des peines; qui
« essuiera mes larmes, si ce n'est la religion?
« Je suis pauvre et malheureux dans ce
« monde; qui me consolera, si ce n'est la re-
« ligion, par l'espoir d'une vie plus heureuse?
« J'ai des passions à réprimer; qui les enchaî-
« nera mieux que les terreurs de la religion?
« Des chagrins et des ennuis accablans qui me
« dégoûtent de la vie; qui me préservera du

« désespoir et d'attenter à mes jours , si la re-
« ligion n'arrête mon bras ? Hélas ! sans la
« religion , qu'est-ce qui pourrait nous conso-
« ler de naître et de la nécessité de mourir ?...»

Voilà le langage de l'esclave qui connaît ses besoins et qui implore les secours de la religion.

Qu'un affranchissement immédiat et général ne détruise point l'espérance de civiliser la population noire de nos colonies, et de la faire jouir un jour des bienfaits de la vraie liberté.

Traités avec humanité, avec bonté par les colons, instruits, éclairés par la religion , les esclaves attendront avec patience, avec calme, le moment heureux de leur affranchissement. Oui , ils se réjouiront d'avoir été préparés à ce bienfait, et pénétrés de reconnaissance ils béni- ront ceux qui auront contribué à leur bonheur.

Pour nous, plein d'espérance, nous saluons

le jour heureux, ah! puisse-t-il arriver bientôt! où une loi protectrice et l'évangile, la lumière des peuples, se donneront la main pour la consolation et le bonheur des esclaves, nos frères, *pour les préparer au bienfait de la liberté;* dès lors, les passions perdront leur empire, la charité, ce feu divin qui devrait animer l'univers, vivifiera les cœurs, la morale aura un appui, l'affliction des consolations, le malheur une espérance immortelle; dès lors, l'esclave ne mourra plus seul; mais la religion qui, mieux que la philanthropie, sait ranimer le courage, fortifier la vertu, lui fera entendre sa voix douce et puissante, l'aidera à descendre dans le tombeau et lui ouvrira les cieux.

Qu'il nous est doux de rendre ici hommage aux principes et aux vertus d'un grand nombre de Nègres *libres* qui, fidèlement attachés à la religion, n'en trahissent point les obligations, et qui n'usent de la liberté que pour le bonheur de leurs familles et de leurs concitoyens.

Nous donnerons quelques réflexions sur les moyens *d'abolir l'esclavage sans abolir le travail.*

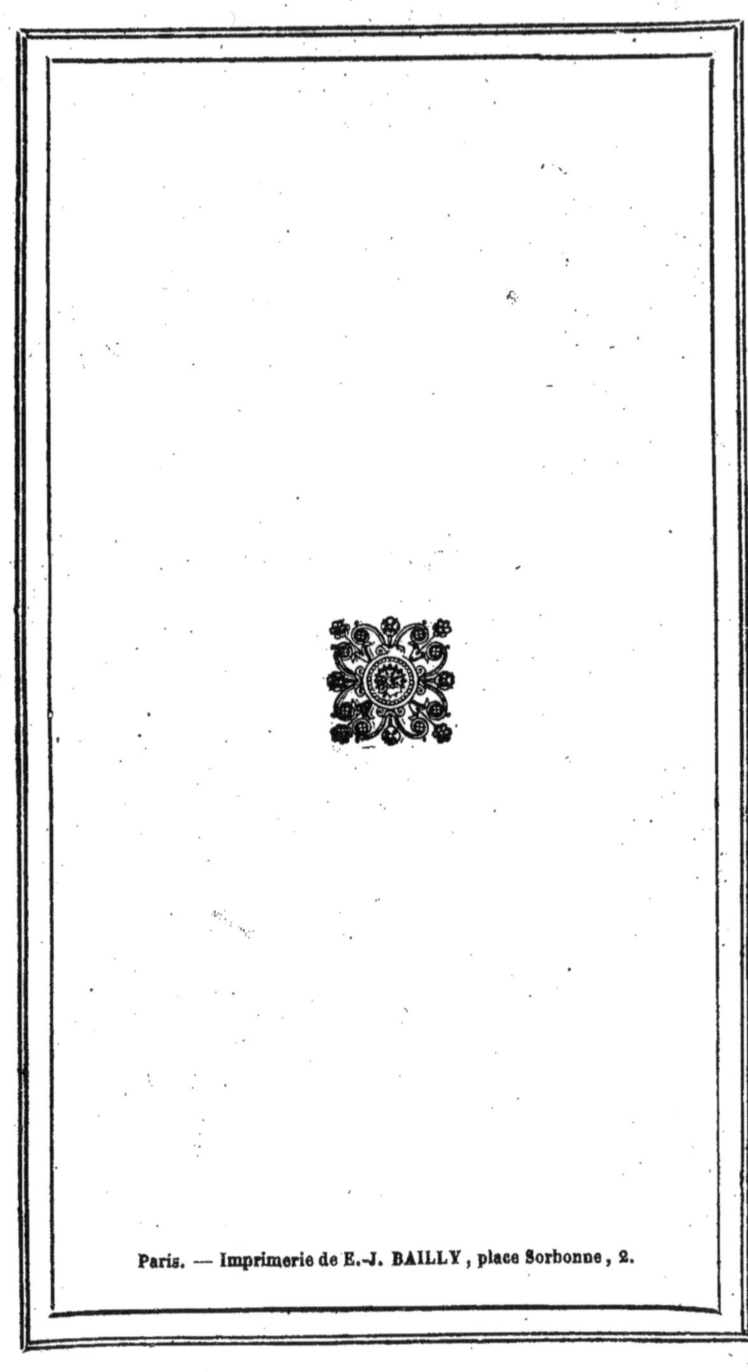

Paris. — Imprimerie de E.-J. BAILLY, place Sorbonne, 2.